BEI GRIN MACHT S
WISSEN BEZAHLT

- Wir veröffentlichen Ihre Hausarbeit,
  Bachelor- und Masterarbeit

- Ihr eigenes eBook und Buch -
  weltweit in allen wichtigen Shops

- Verdienen Sie an jedem Verkauf

Jetzt bei www.GRIN.com hochladen
und kostenlos publizieren

Bibliografische Information der Deutschen Nationalbibliothek:

Die Deutsche Bibliothek verzeichnet diese Publikation in der Deutschen National-
bibliografie; detaillierte bibliografische Daten sind im Internet über http://dnb.d-
nb.de/ abrufbar.

Dieses Werk sowie alle darin enthaltenen einzelnen Beiträge und Abbildungen
sind urheberrechtlich geschützt. Jede Verwertung, die nicht ausdrücklich vom
Urheberrechtsschutz zugelassen ist, bedarf der vorherigen Zustimmung des Verla-
ges. Das gilt insbesondere für Vervielfältigungen, Bearbeitungen, Übersetzungen,
Mikroverfilmungen, Auswertungen durch Datenbanken und für die Einspeicherung
und Verarbeitung in elektronische Systeme. Alle Rechte, auch die des auszugsweisen
Nachdrucks, der fotomechanischen Wiedergabe (einschließlich Mikrokopie) sowie
der Auswertung durch Datenbanken oder ähnliche Einrichtungen, vorbehalten.

Impressum:

Copyright © 2009 GRIN Verlag
Druck und Bindung: Books on Demand GmbH, Norderstedt Germany
ISBN: 9783668767119

Dieses Buch bei GRIN:

https://www.grin.com/document/436332

Maria Dschaak

Cortázar im Labyrinth. Ursprung und Wandel eines Urbildes

GRIN Verlag

GRIN - Your knowledge has value

Der GRIN Verlag publiziert seit 1998 wissenschaftliche Arbeiten von Studenten, Hochschullehrern und anderen Akademikern als eBook und gedrucktes Buch. Die Verlagswebsite www.grin.com ist die ideale Plattform zur Veröffentlichung von Hausarbeiten, Abschlussarbeiten, wissenschaftlichen Aufsätzen, Dissertationen und Fachbüchern.

Besuchen Sie uns im Internet:

http://www.grin.com/

http://www.facebook.com/grincom

http://www.twitter.com/grin_com

Inhalt

1. Einleitung

> Me había llevado muy poco comprender que a la Maga no había que plantearle la realidad en términos metódicos, el elogio del desorden la hubiera escandalizado tanto como su denuncia. Para ella no había desorden, [...].[1]

Bis heute wird darüber spekuliert und diskutiert, ob nun das Labyrinth Chaos oder etwa ein „Zuviel an Ordnung"[2] ist. Der Mangel einer klar umrissenen Definition gründet sicherlich in seiner semantischen Polyvalenz und seinem „festen Platz in der Umgangssprache"[3]. Wenn schon kein Konsens über die verschiedenen Typen und Funktionen des Labyrinths besteht, so ist dessen ambivalente Wirkung eindeutig: Der Mensch schwankt zwischen den Polen Schrecknis und Faszinosum, zwischen Angst vor dem Verlust der Orientierung, aber auch der Lust am Wagnis. Diese Liste von Paradoxa ist beliebig verlängerbar durch Begriffspaare wie Tod-Geburt, Terror-Spiel, Selbstverlust-Selbstfindung, wobei sich zwischen beiden Polen immer ein Spannungsverhältnis aufbaut.

Die Mehrdeutigkeit des Labyrinth-Begriffs wird durch die Tatsache verstärkt, dass man ihn ebenfalls für Phänomene verwendet, die eigentlich keine Labyrinthe im typologischen Sinne darstellen, man sich den Begriff also im metaphorischen Sinne zu Nutzen macht. Mit diesem Gebrauch sind semantische Implikationen wie etwa Desorientierung, Beunruhigung, Rätsel und Komplexität verbunden, die natürlich auch für den Gebrauch im Sinne räumlicher Strukturen geltend gemacht werden können.

Aufgrund dieser Vieldeutigkeit ist es sinnvoll, bei einer Schematisierung auf den Kernbereich des Labyrinths als räumliche Struktur zurückzukommen.[4] Erst im zweiten Schritt wird diese topologische Struktur nämlich zu einer metaphysischen und kann so im weitesten Sinne als Gleichnis für anderes dienen. Monika Schmitz-Emans hat dabei drei Typen unterschieden: Das Labyrinth als Gleichnis für andere räumliche Strukturen, als Gleichnis für Handlungen und als Gleichnis für das künstlerisch-ästhetische Werk.[5] Auf der typologischen Ebene hat Umberto Eco

---

[1] Cortázar, Julio: Rayuela. Madrid: Catedra 2005. S. 134.
[2] Röttgers, Kurt: Die Welt, der Tanz, das Buch, das Haus, das Bild, die Liebe, Die Welt. In: Labyrinthe. Philosophische und literarische Modelle. Hrsg. v. Kurt Röttgers und Monika Schmitz-Emans. Essen: Die blaue Eule 2000 (= Philosophisch-literarische Reflexionen Band 2). S. 34.
[3] Schmitz-Emans, Monika: Labyrinthe: Zur Einleitung. In: Labyrinthe. Philosophische und literarische Modelle. Hrsg. v. Kurt Röttgers und Monika Schmitz-Emans. Essen: Die blaue Eule 2000 (= Philosophisch-literarische Reflexionen Band 2). S. 9.
[4] Vgl. ebd. S. 17.
[5] Vgl. Schmitz-Emans, M.: Labyrinthe: Zur Einleitung. S. 17.

versucht, Ordnung zu stiften und drei Grundtypen unterschieden: Der erste Grundtypus, das kretische Labyrinth, findet sich in dem antiken Mythos um Minotaurus, ist linear und besitzt ein Zentrum. Der zweite Typus meint manieristische Irrgärten, die nur einen Weg zum Zentrum und viele Sackgassen besitzen. Den dritten Typus bezeichnet Eco als Rhizom oder auch Netz, in dem jeder Punkt mit jedem anderen Punkt verbunden werden kann: „Il rizoma é fatto in modo che ogni strada puó connettersi con ogni altra."[6] In diesem Ordnungsschema spiegelt sich auch gleichsam die diachrone Entwicklung des Begriffs Labyrinth und seine Konnotationen.

Die früheste schriftliche Äußerung des Begriffs Labyrinth findet sich auf einer mykenischen Tontafel aus Knossos aus der Zeit um 1400 v. Chr. und bezeichnet eine Kultstätte oder auch einen „Tanzplatz mit labyrinthischer Gangführung"[7]. Erwähnung findet das Labyrinth ebenfalls in Homers *Ilias* als Tanz in Knossos und in der Überlieferung der Heldentat des Theseus, woraus Kern schließt, dass „Labyrinthos ursprünglich einen Tanz bezeichnete, dessen Bewegungsform in der beschriebenen graphischen Figur fixiert wurde."[8] In der Folge bricht die Tradition dieses Tanzen ab, wodurch er als konfus, undurchschaubar und irreführend empfunden wird. In der Spätantike überlagert sich dann die Idee des unübersichtlichen Labyrinth-Tanzes mit der ebenfalls verbreiteten „Vorstellung von Labyrinthen als ein komplexes, ingeniöses, bewundernswertes Gebäude"[9] und provoziert die Idee des Irrgartens. Jahrhunderte später sieht das Mittelalter in dem Labyrinth nicht mehr den Ort der Bewältigung von Aufgaben, wie etwa in dem Mythos um Theseus, sondern einen Ort negativer Erfahrungen. Weitere Jahrhunderte später korrespondieren die Zweifel des modernen Menschen an einen für jedes Individuum vorgezeichneten Weg mit der Idee der Irrgärten. Dieser existiert nicht mehr, sondern muss von dem Individuum jeweils selbst gewählt werden, wobei viele Wege gleichsam zum Zentrum führen und deshalb gleichberechtigt nebeneinander stehen. Die Postmoderne[10] schließlich negiert die Existenz der Mitte und macht das Labyrinth ohne Mitte damit zu einem „Gleichnis einer Welt, die keinen

---

[6] Eco, Umberto: Postille a il nome della rosa. Tascabili: Bonpiani 1983. S. 32.
[7] Kern, Hermann: Labyrinthe. Erscheinungsformen und Deutungen. 5000 Jahre Gegenwart eines Urbildes. München: Prestel Verlag 1982. S. 17.
[8] Ebd. S. 19.
[9] Ebd. S. 19.
[10] Die Begriffe Moderne und Postmoderne sind mitunter streitwürdig und verschieden definiert worden. Eine genaue Analyse würde hier zu weit führen. Man kann sich aber der Definition von Ulrich Ernst anschließen und die Postmoderne als Teil der Moderne ansehen.

'Grund'"[11] hat. Dieses an allen Punkten hypothetisch vernetzbare Gebilde ähnelt dem bereits erwähnten Rhizom. Texte, die diese Struktur aufweisen, sind die sogenannten Hypertexte, die sowohl in literarischer als auch in elektronischer Form existieren, so dass sie Literatur und Computertechnologie miteinander verbinden. Diese digitale Literatur soll allerdings nicht im Fokus dieser Arbeit stehen.[12] Absicht ist es vielmehr, zuerst das antike Substrat vorzustellen (2), damit im Weiteren Verbindungen zu diesem gezogen werden können. Daraufhin wird versucht werden, den Begriff Hypertext einzugrenzen, seine Merkmale vorzustellen (3) und sowohl den Status von Autor und Leser (4), als auch das neue Verständnis von Literatur und Schreibe zu diskutieren und problematisieren (5).

Da in der deutschsprachigen Literaturwissenschaft literarische Hypertexte weitäsgehend ignoriert werden[13], wird versucht werden, das Phänomen Hypertext an dem 1963 veröffentlichtem Roman *Rayuela* des argentinischen Schriftstellers Julio Cortázar zu reflektieren. Aufgrund des mise-en-abyme – die Figur des Morelli ist Cortázars *Alter Ego* – wird der Roman von sich selbst reflektiert und thematisiert, weist also eine metatextuelle Ebene auf, die für die Analyse besonders interessant erscheint.

Rayuela ist in drei Teile unterteilt: Der erste Teil namens *del lado de allá* erzählt von der Hauptfigur Horacio Oliveira, einem aus Argentinien nach Frankreich eingewanderten Intellektuellen, seinem Leben mit seiner Freundin Maga und den Mitgliedern des *Clubs de la Serpiente*. Nach dem Tod von Magas Sohn Rocamadour kehrt Oliveira zurück nach Buenos Aires und der zweite Teil, *del lado de acá*, beginnt. Dort geht er wieder eine Beziehung mit seiner damaligen Freundin Gekrepten ein und arbeitet zuerst mit seinen Freunden Traveler und Talita in einem Zirkus und nachher in einer Irrenanstalt. Zu diesen bereits handlungsarmen beiden Teilen, gesellt sich der dritte Teil mit dem irreführenden, selbstironischen Namen *de otros lados (capítulos prescindibles)*. Dieser enthält neben einzelnen Kapiteln zu der Geschichte, Metakommentare der Figur Morelli, die in den ersten beiden Teilen nur als Mann, der einen Autounfall erlitt, präsent ist, im dritten Teil aber zu Wort kommt und eine neue Romanpoetik entwirft. Morelli nimmt eine Sonderstellung im Roman

---

[11] Schmitz-Emans, M.: Labyrinthe: Zur Einleitung. S. 24.
[12] Eine ausführliche Analyse mit ausgewählten Beispielen findet man bei Suter, Beat: Hyperfiction und interaktive Narration. Zürich: update Verlag 2000.
[13] Vgl. Winko, Simone: Lost in hypertext? Autokonzepte und neue Medien. In: Rückkehr des Autors. Zur Erneuerung eines umstrittenen Begriffs. Hrsg. v. Fotis Jannidis u. Gergard Lauer u.a. Tübingen: Max Niemeyer Verlag 1999. S. 519.

ein, da seine Kommentare den Roman beschreiben, den der Leser soeben vor sich hat, wie von Alazraki bestätigt wird: „Morelli explica y defiende la novela que Cortázar escribe."[14] Hinzu kommen eine Fülle von Texten heterogener Herkunft aus Literatur und Presse: Zeitungsausschnitte, Zitate, Songtexte und ähnliches.

2. Der antike Basistext

2.1. Zwei überlieferte Komplexe

Mit dem Schlagwort Labyrinth wird in der abendländischen Kultur auch immer der Mythos um Minotaurus, Theseus und den Faden der Ariadne verbunden, dessen Abenteuer von dem griechischen Philosophen und Biographen Plutarch erstmals schriftliche fixiert wurden, aber auch in Homers *Ilias* Erwähnung finden.

Leider handelt es sich bei dem mythologischen Komplex um keine abgeschlossene Erzählung. Sie setzt sich vielmehr aus mehreren Teilgeschichten zusammen, die sich mitunter auch widersprechen.[15]

Manfred Schmeling hat versucht, die narrativen Bestandteile zu gruppieren, indem er sie den drei Figuren Theseus, Dädalus und Dionysos zuordnet, woraus zwei unterschiedliche Erzählkomplexe resultieren.

Der Erzählkomplex um die Hauptfigur des Dädalus als Erschaffer des Labyrinthes ist zeitlich vor dem Theseus-Komplex anzusiedeln, da er die Erschaffung des Labyrinthes und die Zeugung des Minotaurus behandelt. Minos, der von Poseidon einen weißen Stier erhalten hat, um ihn ihm zu opfern, behält diesen bei sich in seiner Herde. Aus Rache bewirkt Poseidon, dass Pasiphae, die Gattin des Minos, sich in den Stier verliebt. Um die Vereinigung beider ermöglichen zu können, entwirft Dädalus ihr eine hölzerne Kuh, in die sie schlüpfen kann, um den Stier so von ihrem wahren Wesen täuschen zu können. Ergebnis dieser widernatürlichen und listigen Verbindung ist Minotaurus. Auf Anweisung Minos´ lässt Dädalus ein Labyrinth bauen, in dessen Zentrum Minotaurus verborgen gehalten wird. Als Strafe für sein Mitwirken sperrt Minos auch Dädalus und seinen Sohn Ikarus in dem Labyrinth ein. Allerdings gelingt es ihnen zu fliehen, indem sie Flügel bauen und über den Luftweg aus den Schlingen des Labyrinthes entkommen. An dieser Stelle setzt das Theseus-Mythologem an, welches besagt, dass Minos von den Athenern alle neun Jahre vierzehn Menschenopfer fordert, sieben männlichen und sieben weiblichen

---

[14] Alazraki, Jaime: Hacia Cortázar: Aproximación a su obra. Barcelona: Editorial Anthropos 1994 (= Contemporáneos Literatura y teoría literaria 47). S. 209.
[15] Vgl. Schmitz-Emans, M.: Labyrinthe: Zur Einleitung. S. 25.

Geschlechts, um den Hunger des im Labyrinth gefangenen Minotaurus zu stillen. Doch als sich bei der dritten Tributleistung auch Theseus unter den Jünglingen befindet, beschließt er, Minotaurus zu töten. Auf Kreta angekommen, verliebt sich Ariadne, die Tochter des Minos, in Theseus und verhilft ihm, sich nicht in dem Labyrinth zu verirren, indem sie ihm einen Wollkneul schenkt. Nachdem Theseus Minotaurus getötet hat, entführt er Ariadne und segelt mit ihr auf die Insel Naxos, von der er heimlich, während sie schläft, flüchtet und nach Delos segelt, wo er dem Gott Apollo zu ehren einen Tanz aufführt, der labyrinthische Formen nachbildet.

2.2. Drei Perspektiven auf das Labyrinth

Entgegen der Differenzierung Schmelings erscheint es sinnvoller, folgende drei Hauptfiguren zu wählen: Theseus, Dädalus und Minotaurus, der zusammen mit dem Labyrinth den *locus communis* bildet. Aus jeder dieser drei Perspektiven wird dem Labyrinth unterschiedliche Bedeutung zugesprochen.

Aus der Sicht des Theseus erweist sich das Labyrinth als beängstigendes und desorientierendes Gebilde, aber auch als „Symbol der Bewältigung einer Aufgabe und der heroischen Bewährung gegenüber einer Herausforderung."[16] Diese besteht eben darin, Minotaurus zu töten, wodurch er den Initiationsritus eines Atheners auf der Suche nach seinem Standort in der Gesellschaft vollzieht.[17] Das Ziel, den Mittelpunkt des Labyrinthes zu finden, um so den Minotaurus töten zu können, impliziert also die Überwindung desselbigen, wobei Theseus dem Rezipienten als fragwürdiger Held erscheinen muss angesichts der Tatsache, dass er sich des Fadens als Orientierungshilfe bedient hat.

Minotaurus hingegen sieht in Theseus den „todbringenden Eindringling"[18] und in dem Labyrinth seine Behausung, die einem Gefängnis gleicht, aus dem er nicht entkommen kann. Er gilt je her als Symbol der „preeminencia de lo bestial sobre lo humano"[19], als das gefährliche Monster, als das Böse, vor dem der Mensch sich schützen muss.

In Dädalus erkennbar ist nicht nur der listige Kuppler, der Unrecht tut, sondern auch der Künstler, der gegen die Natur aufbegehrt, indem er sich das Recht des Schöpfers anmaßt und Pasiphae zu der widernatürlichen Vereinigung verhilft. Dieses

---

[16] Ebd. S. 20.
[17] Vgl. Schmeling, Manfred: Der labyrinthische Diskurs. Frankfurt am Main: Athenäum 1987. S. 32.
[18] Schmitz-Emans, M.: Labyrinthe. Zur Einleitung. S. 20.
[19] Huici, Adrián: El mito clásico en la obra de Jorge Luis Borges. El Laberinto. Sevilla: Ediciones Alfar 1998. S. 132.

Unheil versucht er nun auszugleichen durch ein anderes Unheil, das der Bau des Labyrinthes nach sich zieht, nämlich die Fütterung des Minotaurus. So ist Dädalus nicht nur der ingeniöse Schöpfer, der „mythologische Prototyp des Künstlers"[20], sondern auch ein destruktiver Unheilbringer. Der Mythos verweist hier bereits auf die ambivalente Doppelfunktion des künstlerisch-intellektuellen Schaffens als „Sakralisierung und Dämonisierung der Kunst-Idee"[21]. Signifikant ist auch, dass selbst Dädalus nicht auf natürlichem Wege aus dem Labyrinth entkommt, sondern den Luftweg wählt. Es scheint, als habe der Künstler sich selbst in seinem Werk verloren.

3. Der gewebte Text – Literatur als Labyrinth

3.1. Hypertexte: Ursprung, Definition und Formen

Traditionelle Kunstformen wie die Literatur und die Kunst wurden im 19./20. Jahrhundert sowohl mit neuen Medien wie dem Film und der Photographie, als auch mit einer veränderten Lebenssituation angesichts des technischen Fortschritts konfrontiert. In Folge gerät die Literatur in eine fundamentale Sinnkrise, die in der Einsicht gründet, dass die Welt nicht lesbar sei, die Entzifferung der „integralen Tiefengrammatik der Welt"[22] letztlich nicht möglich ist. So nimmt der Mensch der Moderne dem Glauben an eine universale Ordnung der Welt eine kritische Haltung ein und misstraut der Sprache als Möglichkeit die Welt begrifflich fassen und wiedergeben zu können.[23] Resultat dieser Motivations- und Legitimationskrise der Literatur ist die Tendenz „die Abgeschlossenheit des Werkes zugunsten einer Öffnung und Prozeduralisierung zu durchbrechen."[24] Hypertexte weisen genau dieses Merkmal auf und schreiben sich so in die von Umberto Eco genannte Aufgabe der Kunst ein:

> Aufgabe der Kunst ist es weniger die Welt zu erkennen, als Komplemente von ihr hervorzubringen, autonome Formen, die zu den schon existierenden hinzukommen und eigene Gesetze und persönliches Leben offenbaren. Gleichwohl kann jede künstlerische Form mit höchstem Recht wenn nicht als Surrogat der wissenschaftlichen Erkenntnis, so doch als epistemologische Metapher angesehen werden: das will heißen, dass in jeder Epoche die Art, in der die Kunstform sich strukturiert – durch Ähnlichkeit, Verwandlung in Metaphern, kurz

---

[20] Schmitz-Emans, M.: Labyrinthe. Zur Einleitung. S. 22.
[21] Schmeling, M.: Der labyrinthische Diskus. Vom Mythos zum Erzählmodell. S. 40.
[22] Schmitz-Emans, Monika: Seetiefen und Seelentiefen. Literarische Spiegelungen innerer und äußerer Fremde. Hrsg. v. Manfred Schmeling u. Hans-Jürgen Lüsebrink u.a. Würzburg: Königshausen & Neumann 2003 (= Saarbrücker Beiträge zur Vergleichenden Literatur- und Kulturwissenschaft). S. 28.
[23] Vgl. dazu unter anderem Nietzsches sprachphilosophische Erklärungen in *Über die Wahrheit und Lüge im außermoralischen Sinne* (1873)
[24] Heibach, Christiane: Creamus, ergo sumus. In: Hyperfiction. Hyperliterarisches Lesebuch: Internet und Literatur. Hrsg. v. Beate Suter u. Michael Böhler. Frankfurt am Main: Stroemfeld 1999. S. 101.

Umwandlung des Begriffs in Gestalt -, die Art, wie die Wissenschaft oder überhaupt die Kultur dieser Epoche die Realität sieht, wiederspiegelt. [25]

Auch wenn Hypertexte ein Produkt der Postmoderne sind, so gibt es doch literarische Vorläufer, die vereinzelt Merkmale dieser Textform aufweisen. Zu ihnen zählen unter anderem Laurence Sternes *Tristam Shandy*, das eine digressive Abschweifung proklamiert, E.T.A. Hoffmans *Kater Murr*, der beim Schreiben seiner Autobiographie auf herausgerissenen, bereits bedruckten Buchseiten schreibt, die dann unbeabsichtigt mitgedruckt werden, oder auch James Joyces *Finnegangs Wake* und *Ulysses* und diverse Schriften von Jean Paul.

Theodor H. Nelson versuchte in den 60er Jahren als erster sich dem Begriff des Hypertextes zu nähern und versteht diesen als nicht-linearen Text, der aus Einheiten zusammengesetzt ist, die, Barthes Terminologie folgend, als *Lexien* bezeichnet werden können. [26] Diese sind durch Links miteinander verbunden, so dass „different paths through a given body of lexias"[27] ermöglicht werden. Diese Einheiten können nun aus verschiedenen Medien bestehen oder aber Kommentare, Quellenverweise, Fußnoten, Zitate oder ähnliches sein. Dem Leser wird dabei die Aufgabe zugesprochen, sich seinen Weg durch das Rhizom-Labyrinth selbst zu suchen und so schlüpft er in die Rolle des Theseus, dessen Aufgabe der Text selbst ist, der „nur entwirrt, nicht entziffert werden"[28] kann. Auch wenn Nelson sich hauptsächlich auf elektronische Hypertexte bezieht und der Begriff Hypertext meist auch in diesem Sinne verwendet wird, so können die Merkmale von Hypertexten auch für Texte in nicht digitaler Form geltend gemacht werden, weshalb sie dann auch in dieser Arbeit als Hypertexte bezeichnet werden.

Gemeinhin kann man insgesamt drei unterschiedliche Formen von Hypertexten unterscheiden: Zum einen „literarische Texte, die linear-sequentiell strukturiert sind"[29], und somit sowohl in Papierform, als auch in elektronischer Form erscheinen können und zum anderen literarische Hypertexte, auch *hyperfiction* genannt, die nur elektronisch zugänglich sind, wie Michael Joyces *Afternoon, a story*. Darin

---

[25] Eco, Umberto: Das offene Kunstwerk. Frankfurt am Main: Suhrkamp 1973 (= Suhrkamp Taschenbuch Wissenschaft 222). S. 46.

[26] Vgl. Barthes, Roland: S/Z. Frankfurt am Main: Suhrkamp 1976 (= Suhrkamp Taschenbuch Wissenschaft 687). S. 18.

[27] Landow, Georg H.: Hypertext. The Convergence of Contemporary Critical Theory and Technology. Baltimore: The John Hopkins University Press 1992. S. 52.

[28] Barthes, Roland: Der Tod des Autors. In: Performanz. Zwischen Sprachphilosophie und Kulturwissenschaft. Hrsg. v. Uwe Wirth. Frankfurt am Main: Suhrkamp 2002 (= Suhrkamp Taschenbuch Wissenschaft 1575). S. 109.

[29] Winko, S.: Lost in hypertext? S. 520.

rekonstruiert der Leser selbst bei seinem Durchgang die Geschichte, wobei die Links nicht markiert sind und der Leser so bei jedem Wort ausprobieren muss, ob es sich um einen Link handelt. Erschwerend kommt die Tatsache hinzu, dass die Zugangsmöglichkeit gewisser Links davon abhängt, welche Links zuvor aktiviert und beschritten worden sind. Zuletzt sind noch die programmierten, interaktiven Texte zu nennen, die sogenannten *Cybertexte*, die sich von den beiden anderen Formen dadurch unterscheiden, dass die Links zwischen den Texteinheiten „von einem immanenten kybernetischen Agenten kontrolliert werden."[30]

3.2. Merkmale

3.2.1. Vernetzung

Auch wenn Gérard Genettes Definition von Hypertexten als eine Spielform von Paratextualität, die dadurch definiert ist, dass ein bestimmter Text „von einem anderen, früheren Text abgeleitet ist"[31], zu kurz greift, so ist das Merkmal von Texten, die immer wieder auf andere Texte verweisen, zentral für die Struktur von Hypertexten, so dass sich, gemäß Barthes Devise „Text heißt Gewebe"[32], ein Netz von Verweisen aufbaut, das Literatur als ein Labyrinth von Texten ausweist, bei denen, dem Rhizom ähnlich, jeder Text als Angelpunkt für eine Fülle anderer dienen kann. So verwundert es auch kaum, dass Morelli Schreiben, und somit die Literatur, mit dem Prozess des Zeichnens eines Mandalas, dem mystischen Labyrinth der Buddhisten, vergleicht: „Escribir es dibujar mi mandala y a la vez recorrerlo, [...]."[33] In Interviews hat Cortázar mehrmals darauf hingewiesen, dass *Rayuela* eigentlich Mandala heißen sollte, er also Literatur in Analogie zur Bedeutung des Mandalas im Buddhismus, als Möglichkeit der Annäherung des Schreibenden an sein eigenes Zentrum, versteht, das Labyrinth also in seiner Funktion als Medium der Selbstfindung präsent ist.

So ist *Rayuela* gespickt mit Zitaten, Andeutungen und Verweisen. Nicht nur auf andere literarische Texte und Autoren wird verwiesen, sondern auch auf Musiker und Künstler; Text von Liedern werden zitiert; Zeitungsausschnitte füllen ganze Kapitel.

---

[30] Ebd. S. 522.
[31] Genette, Gerard: Palimpseste. Die Literatur auf zweiter Stufe. Frankfurt am Main: Suhrkamp 1993 (= Neue Folge Band 683). S. 15.
[32] Barthes, Roland: Die Lust am Text. Frankfurt am Main: Suhrkamp 1974 (= Bibliothek Suhrkamp Band 378). S. 94.
Interessant ist, dass aus etymologischer Perspektive das lateinische Verb texo, texui, textum weben, flechten bedeutet.
[33] Cortázar, J.: Rayuela. S. 564.

Es bildet sich ein welt- und zeitumspannendes Netz aus Querverweisen, das den kulturellen Hintergrund sowohl des Buches selbst, als auch der Figuren im Roman bildet. [34]

3.2.2. Grenzenlosigkeit

Das Merkmal der Vernetzung verweist auf das der Grenzenlosigkeit und so auf die Problematik des Rahmens. Entgegen üblicher Schreibweisen und Textformen, die dem Leser einen eindeutigen Anfang sowie Ende bieten, verdanken sich Hypertexte einem „performativ-verknüpfenden Schreiben[s] [...], dass in einem bestimmten Rahmen"[35] vollzogen wird. Dieser Rahmen ist nicht als fester zu denken, sondern aufgrund des permanenten Prozesses der Neu- und Umrahmung als alternierender, beweglicher, der Derridas Verständnis vom *Parergon* ähnlich ist.[36] Dieser Prozess performativer Rahmung wird bestimmt und gesteuert durch bestimmte *„peri-* und *paratextuellen* Operationen"[37] wie dem Kommentar, der Einleitung, Zitaten oder etwa der Fußnote, aber auch den sogenannten Links.

Ein Text mit einer fließenden Rahmung ist für den Leser allerdings nicht greifbar, da dieser, um einen Zugang zu finden, einen Rahmen, also einen Anfang und ein Ende benötigt. Die Inszenierung eines Anfangs kann durch die Aufpfropfungsbewegung des Vorwortes geleistet werden. Der von Derrida in *La double séance* eingeführte Begriff der Aufpfropfung meint ein „Denkmodell für die Logik von Texten"[38], in dem auf verschiedene Weisen ein Diskurs in einen anderen eingreift. In der Typologie von Aufpfropfungsverfahren kann man zwischen einfachen Aufpfropfungen, einrahmenden Pfropfungen wie dem Kommentar oder der Einleitung und marginalen Aufpfropfungen wie der Fußnote unterscheiden. Cortázar bedient sich in *Rayuela* allen erdenklichen Formen der Aufpfropfung, wie etwa dem Vorwort, in dem er dem Leser zwei Möglichkeiten anbietet, *Rayuela* zu lesen und so einen Einstieg in das Werk ermöglicht und erleichtert:

---

[34] Das Netzt erhält in der Moderne die Rolle einer kulturellen Kernmetapher. In Ovids *Metamorphosen* ist Arachne eine kunstfertige Weberin, die Pallas Athene herausfordert und am Ende in eine Spinne verwandelt wird. In diesem Mythos wird eine Analogie zwischen Weben und Dichten eröffnet, die richtungsweisend ist.
[35] Wirth, Uwe: Performative Rahmung, parergonale Indexikalität. Verknüpfendes Schreiben zwischen Herausgeberschaft und Hypertextualität. In: Performanz. Zwischen Sprachphilosophie und Kulturwissenschaft. Hrsg. v. Uwe Wirth. Frankfurt am Main: Suhrkamp 2002 (= Suhrkamp Taschenbuch Wissenschaft 1575). S. 404.
[36] Vgl. Derrida, Jacques: Die Wahrheit in der Malerei. Hrsg. v. Peter Engelmann. Wien: Passagen Verlag 1992. S. 93.
[37] Wirth, U.: Performative Rahmung, parergonale Indexikalität. S. 404.
[38] Culler, Jonathan: Dekonstruktion. Derrida und die poststrukturalistische Literaturtheorie. Hamburg: Rowohlt Verlag 1999. S. 149.

El lector queda invitado *a elegir* una de las dos posibilidades siguientes:

El primer libro se deja leer en forma corriente, y termina en el capítulo 56, al pie del cual hay tres vistosas estrellitas que equivalen a la palabra *Fin*. Por consiguiente, el lector prescindirá sin remordimientos de lo que sigue.

El segundo libro se deja leer empezando por el capítulo 73 y siguiendo luego en el orden que se indica al pie de cada capítulo. En caso de confusión u olvido, bastará consultar la lista siguiente: [...].[39]

Allerdings ist sich Cortázar der Konstruiertheit, Beliebigkeit bewusst: „Hay quizá una salida, pero esa salida debería ser una entrada."[40]

Hat der Leser einmal einen Zugang zum Werk erhalten, so muss er allerdings feststellen, dass es, der zweiten Lesart folgend, keinen Ausgang gibt, da die letzten beiden Kapitel unendlich ineinander verschachtelt sind. Dieser Zirkelschluss führt somit jegliche Linearität *ad absurdum*. Interessant ist dabei die Frage, der im Abschnitt 5.1. nachgegangen werden wird, ob sich die Suche der Figuren als unendlich qualifiziert und prinzipiell nicht abschließbar ist, wie man aufgrund der Tatsache, dass die letzen beiden Kapitel der zweiten Lesart folgend immer wieder aufeinander verweisen, schließen würde oder ob Oliveira und Morelli an das Ziel ihrer Suche gelangen.

Zu der bereits erwähnten Fülle von Zitaten - von einer „manía de las citas"[41] der Figur Morelli wird sogar gesprochen - kommt ein spielerischer Umgang mit Fußnoten, indem diese ineinander verschachtelt werden wie im Kapitel 95.

Durch diese Aufpfropfungsbewegung, die eine „disseminative Digression"[42] bewirkt, brechen die üblichen hierarchischen Strukturen von Haupttext - Nebentext und Ordnungsprinzipien wie Innen - Außen zusammen.

In materieller Hinsicht kann der Rahmen des Buches als die Anzahl der Lexien definiert werden, aus denen der Autor den Schriftkorpus zusammensetzt und so teilweise begrenzt. Diese Geschlossenheit wird allerdings kontrastiert durch eine innere Offenheit, da die von Cortázar vorgegebene Reihenfolge der einzelnen Lexien nur eine Möglichkeit ist, nur eine Form, dieses Buch, das eigentlich ganz viele Bücher beherbergt, zu lesen: „A su manera este libro es muchos libros, [...]."[43] Er selbst berichtet in einem Interview von Lesern, die sich in der Reihenfolge geirrt

---

[39] Cortázar, J.: Rayuela. S. 111.
[40] Ebd. S. 540.
[41] Ebd. S. 707.
[42] Wirth, U.: Performative Rahmung, parergonale Indexikalität. S. 409.
[43] Cortázar, J.: Rayuela. S. 111.

haben oder Lesern, die die Reihenfolge der Kapitel von dem Zufallsspiel der Würfel abhängig gemacht haben:

[...], de la que estoy bien orgulloso (por ahí tengo cartas) de gente que me ha dicho que se había equivocado al saltar los capítulos y que entonces leyeron *Rayuela* de una tercera manera.
Otros me dijeron que no habían querido seguir ni la primera ni la segunda, y con procedimientos a veces un poco mágicos – tirando dados, por ejemplo, o sacando números de un sobrero [...].[44]

Diese unterschiedlichen Lesarten können in drei Gruppen unterteilt werden: Zum einen hat der Leser die Möglichkeit nur die Kapitel eins bis 56 in linearer Reihenfolge zu lesen und spart somit alle Metakommentare Morellis aus, zum anderen kann er die zweite vorgegebene Reihenfolge wählen, in das Labyrinth eintreten und nie mehr heraustreten. Als dritte Möglichkeit bietet sich dem Leser das eben erwähnte selbstbestimmte Spiel mit den Kapiteln. Bis auf die letzte Möglichkeit sind die ersten beiden vom Autor kontrollierbar, doch wäre es naiv zu glauben, dass Cortázar angesichts der Forderung eines aktiven Lesers und dem direkten Verweis auf den Spielcharakter von Literatur durch den Titel *Rayuela*, nicht auch die dritte Variante vorhergesehen und provoziert hätte.

Beide bereits genannten Merkmale – Vernetzung und Grenzenlosigkeit – verweisen auf eine gewisse Offenheit von Hypertexten, die sich von der prinzipiellen Offenheit gewöhnlicher Texte unterscheidet. Umberto Eco hat mit der erstmals 1962 veröffentlichten Studie *Opera aperta* versucht die programmatische Offenheit heutiger Kunstwerke zu definieren. So hat jede Epoche ihre Form der Offenheit als unvermeidliches Merkmal künstlerischen Schaffens: Der Vier-fache-Schriftsinn im Mittelalter, die Offenheit des Barocks oder der Symbolismus Ende des 19. Jahrhunderts, der dem „Symbol als Ausdruck des Unbestimmten"[45] eine entscheidende Funktion zuspricht, seien als Beispiel genannt. Mallarmés *Livre,* das nie über sein Dasein als Idee hinauskam, also nie realisiert wurde, war wahrscheinlich die kühnste Form eines Kunstwerkes, das im Werden und Machen noch begriffen war. Es sollte aus Seiten bestehen, die keine vorgeschriebene Reihenfolge besitzen, sondern „nach den Permutationsgesetzten verschieden zusammengesetzt werden."[46]

---

[44] Prego, Omar: La fascinación de las palabras. Conversación con Julio Cortázar. Barcelona: Muchnik Editores 1985. S. 112.
[45] Eco, U.: Das offene Kunstwerk. S. 37.
[46] Ebd. S. 44.

Ulrich Ernst hat in seiner Analyse experimenteller Romanformen diesen Typus als permutativen Roman bezeichnet und wie folgt definiert:

> [...] der sich produktionsästhetisch als Kombinationsspiel konstituiert, das über Formen bloßer Montage, Intertextualität und Collage hinaus einem mechanisch generativen System gehorcht, zugleich rezeptionsästhetisch auf ein kombinatorisches Lesen hin ausgelegt ist.[47]

Literatur wird hier als ein Kombinationsspiel verwirklicht, wie sie auch schon Italo Calvino in seinem Vortrag *Cibernetica e fantasmi* versteht und mit *Il castello dei destini incrociati* als Resultat eines Spiels mit Tarockkarten, die gelegt werden, verwirklicht hat. Cortázar verfolgt mit *Rayuela* die gleiche Linie kombinatorischer Textproduktionsmechanismen. Zu Recht hat Andrés Amorós *Rayuela* im Vorwort der spanischsprachigen Catedra Ausgabe als eine „máquina"[48] bezeichnet und Cortázar selbst hat in *Vuelta al día en ochenta mundos* die Idee einer Maschine namens *Rayuel-O-Matic* verfolgt. Diese ist ein Schrank mit so vielen Schubladen wie Kapitel, die sich mechanisch schließen und öffnen, je nach Stand und Fortgang der Lektüre.

3.2.3. Nicht-Linearität

Das dritte Merkmal von Hypertexten wird sowohl in der Funktionsweise des *Rayuel-O-Matics* deutlich, als auch in der zweiten Lesemöglichkeit selbst: Der Leser ist gezwungen von einer Texteinheit zu einer anderen zu springen, wobei die Links die Funktion einer Brücke einnehmen. Paradoxerweise wird dadurch nicht die Linearität und Entwicklung einer Geschichte zerstört, so dass Linearität, Landow zustimmend, eine „quality of the individual reader's experience"[49] ist und die Geschichte nichts weiter als das Resultat eines Leser, der sich seinen Weg durch das Netz von Lexien bahnt.

Auch Morelli, das Alter Ego Cortázars, begreift Literatur als eine Sammlung von Bruchstücken, Fotos ähnlich, die nebeneinander gestellt werden und dessen Verbindung in den Händen des Lesers liegt:

> [...], no es cine, sino fotografía, es decir que no podemos aprender la acción sino tan sólo sus fragmentos eleáticamente recortados. No hay más que los momentos en que estámos [...].[50]

Somit wird die Logik des Lesens bestimmt von einem Moment, der weder in der Reichweite des Autors noch des Lesers liegt: Dem der Konnotation und Assoziation. Auch wenn Barthes die Konnotation als eine „Assoziation, die durch das Textsubjekt

---

[47] Ernst, Ulrich: Typen des experimentellen Romans in der europäischen und amerikanischen Gegenwartsliteratur. In: Arcadia 27 (1992). S. 226.
[48] Cortázar, J.: Rayuela. S. 22.
[49] Landow, G. P.: Hypertext. S. 104.
[50] Cortázar, J.: Rayuela. S. 646.

innerhalb seines eigenen Systems vollzogen wird" [51] beschreibt, bleibt ein unkontrollierbares Moment des Zufalls oder der kulturellen, emotionalen, schlicht individuellen Prägung, das nicht beherrschbar ist, zurück. Auch der amerikanische Philosoph Charles Sanders Peirce hat in seinem 1929 veröffentlichten Artikel *Guessing* der Assoziation eine entscheidende Rolle beim Lesen und beim wissenschaftlichen Arbeiten zugewiesen: Instinktgeleitetes Raten, das auf Assoziationen beruht, die dann in Implikationen umgewandelt werden, nennt er Abduktion. Diese hat er auch als ersten Schritt aller Forschung und Umberto Eco sogar als Logik der Interpretation bezeichnet. [52]

Kombiniert werden in diesem „Kunstwerk in Bewegung"[53] also Bruchstücke, die so einen Pfad, einen Narrrationsstrang ergeben. Dieser ist nicht etwa wie im Falle Calvinos vorgegebenen, sondern, dem Leser entsprechend, beliebig, so dass dieser am „Machen des Werkes"[54] beteiligt ist. Diese Offenheit, die von Eco auch die „Offenheit zweiten Grades"[55] genannt wird, zeichnet sich sowohl, im Gegensatz zu der „Offenheit ersten Grades"[56], durch den „Spielraum einer strukturellen Vitalität"[57] aus, als auch durch die Aufforderung an den Leser, sich am Machen des Kunstwerkes zu beteiligen. Die Offenheit, die jedes Kunstwerk durch seine Vielfalt möglicher Lesarten und Interpretationen aufweist, wird in eben diesen nach der Schwelle zum 20. Jahrhundert potenziert, da zu der Vielfalt an Möglichkeiten in einem physisch abgeschlossenen, linearen Schriftkorpus, die Offenheit möglicher Neuknüpfungen, Verbindungen hinzukommt, so dass man von einer im Endlichen beherbergten Unendlichkeit sprechen kann oder, wie Deleuze es nennt, einem „Unbegrenzt-Endliche[n]."[58]

Zusammenfassend kann man also von zwei Momenten sprechen, die diese *zweite Offenheit* heutiger Werke generieren: Zum einen von den soeben genannten verschiedenen „alternate routes" [59] und zum anderen von Aufpfropfungsmechanismen wie dem Vorwort, Zitaten oder Fußnoten.

---

[51] Barthes, R.: S/Z. S. 12.
[52] Vgl. Wirth, Uwe: Wen kümmert's, wer spinnt? In: Hyperfiction. Hyperliterarisches Lesebuch: Internet und Literatur. Hrsg. v. Beate Suter u. Michael Böhler. Frankfurt am Main: Stroemfeld 1999. S. 34.
[53] Eco, U.: Das offene Kunstwerk. S. 42.
[54] Ebd. S. 41.
[55] Ebd. S. 139.
[56] Ebd. S. 138.
[57] Ebd. S. 56.
[58] Deleuze, Gilles: Foucault. Frankfurt am Main: Suhrkamp 1992 (= Suhrkamp Taschenbuch Wissenschaft 1023). S. 187.
[59] Landow, G. P.: Hypertext. S. 7.

3.2.4. Dezentriertheit

Für dieses „ständig im Entstehen begriffene[s] Gewebe"[60] ist die Abwesenheit eines fixen Zentrums bezeichnend. Da es keine „primary axis of organisation"[61] gibt, existiert auch kein für alle gültiges Zentrum, eine Art Fluchtpunkt, auf das alle Linien zulaufen. Dieses muss erst in jedem neuen Leseakt gefunden werden, so dass man von einer „transient"[62] Mitte sprechen kann. Die Suche dieser Mitte ist nun die Aufgabe des Lesers, so dass Lesen zur aktiven Tätigkeit wird: „Lesen ist jedoch keine parasitäre Geste, keine reaktive Ergänzung einer Schrift, [...]. Es ist eine Arbeit [...]."[63]

Das Bedeutungsfeld der Dezentriertheit verweist allerdings sowohl auf die am Anfang des Kapitels erwähnte Sinnkrise der Literatur, als auch auf die Problematik von Begriffen wie Leser und Autor, wie von Derrida bestätigt wird: „Die Abwesenheit des Zentrums bedeutet hier die Abwesenheit des Subjekts und des Autors."[64] Er bezieht sich hier zwar auf die Abwesenheit eines Zentrums im mythischen Diskurs. Dieses kann aber ebenso für den literarischen Diskurs der Postmoderne, wie für den der Wissenschaften geltend gemacht werden. Neue Wissenschaftszweige wie die Ethnologie konnten erst im Zuge der Dezentrierung der europäischen Kultur entstehen, also erst nachdem sie sich selbst von ihrer Vorstellung als Bezugskultur gelöst hat. Alles bisher für wahr angenommene, stellt sich als Konstrukt heraus, wird kritisch beleuchtet.

4. Leser und Autor – verloren im Labyrinth?

4.1. Der Leser

Mit dem neuen Verständnis des Lesevorgangs als Arbeit, einer aktiven Tätigkeit, wird auch ein neuer Typus von Leser verlangt, den Morelli als „lector-cómplice"[65] bezeichnet und der, entgegen alten hierarchischen Konstruktionen, zu einem „cómplice, una camarada de camino"[66] gemacht werden soll. Dies hat allerdings zur Folge, dass „the functions of reader and writer become more deeply entwined with

---

[60] Wirt, U: Wen kümmert´s, wer spinnt? S. 29.
[61] Landow, G. P.: Hypertext. S. 11.
[62] Ebd. S. 12.
[63] Barthes, R. S/Z. S. 15.
[64] Derrida, Jacques: Die Struktur, das Zeichen und das Spiel im Diskurs der Wissenschaft vom Menschen. In: Die Schrift und die Differenz. Frankfurt am Main: Suhrkamp 1972 (= Suhrkamp Taschenbuch Wissenschaft 177). S. 434.
[65] Cortázar, J.: Rayuela. S. 559.
[66] Ebd. S. 560.

each other than ever before"[67], so dass man den Leser von Hypertexten auch als „Wreader"[68] bezeichnet. Der *lector-hembra*[69] hingegen, nimmt keinerlei Anteil an dem Weg, den der Autor beschreitet. Ihn interessiert lediglich die Lösung:

> [...], que acaba por suscitar al lector-hembra, al tipo que no quiere problemas sino soluciones, o falsos problemas ajenos que le permiten sufrir cómodamente sentado en su sillón sin comprometerse en el drama que también debería ser el suyo.[70]

Der Rezipient steht auch im Fokus der sogenannten Rezeptionsästhetik, die sich Ende der 60er Jahre hauptsächlich in Deutschland und England als Gegenreaktion auf formalistische und strukturalistische Ansätze entwickelte. So weist Wolfgang Iser dem Leser eine aktive Rolle zu, da er durch seine von den Signalen des Textes vorkonstruierten Reaktionen den Sinn des Romans hervorbringt, also zur Instanz wird, dessen Verarbeitungsprozesse erst den Sinn eines Textes konstituieren. Lesen wird so als eine performative Tätigkeit ausgewiesen. Diese im Text ausmachbare Leserrolle wird gemeinhin als impliziter Leser bezeichnet und meint eine Textstruktur, die den Rezipienten immer schon mitdenkt.[71]

Bei seiner Analyse der Kommunikationssituation von Leser und Text greift Iser auf Theorien der Sozialpsychologie und Psychoanalyse zurück: Er vergleicht die Kontingenz von menschlichen Verhaltensplänen mit dem asymmetrischen Verhältnis von Text und Leser, das in der „mangelnden Gemeinsamkeit einer Situation und in der mangelnden Vorgegebenheit eines gemeinsamen Bezugsrahmens"[72] gründet. Dieser Mangel provoziert nun die Vorstellungstätigkeit des Lesers, der durch Steuerungskomplexe versucht wird Herr zu werden:

> Die Leerstellen sparen die Beziehungen zwischen den Darstellungsperspektiven des Textes aus und ziehen dadurch den Leser zur Koordination der Perspektiven in den Text hinein: die bewirken die kontrollierte Betätigung des Lesers im Text.[73]

Der Leser wird nicht nur durch die Struktur von *Rayuela* als aktiv gefordert, sondern in den Metakommentaren von Morelli auch als solcher ausgeschrieben.

Morelli konstituiert zwei Lesertypen, die er zwei unterschiedlichen Formen von Romanen zuordnet: *Lector hembra* versus *lector cómplice* und Roman versus Anti-Roman. Ein Teil von Morellis Poetik ist eben das Vorhaben einen Anti-Roman zu

---

[67] Landow, G. P.: Hypertext. S. 71.
[68] Wirth; U.: Wen kümmert´s, wer spinnt? S. 30.
[69] Cortázar hat in mehreren Interviews den von ihm gewählten Terminus selbst kritisiert und zu verstehen gegeben, dass die Begriffe aktiver und passiver Leser das, was er meint, viel deutlicher bezeichnen würden.
[70] Cortázar, J.: Rayuela. S. 611.
[71] Vgl. Iser, Wolfgang: Der implizierte Leser. München: Wilhelm Fink Verlag 1972. S. 59.
[72] Iser, Wolfgang: Der Akt des Lesens. Theorie ästhetischer Wirkung. München: Wilhelm Fink Verlag 1976 (= Uni Taschenbücher 636). S. 263.
[73] Ebd. S. 267.

schreiben: „Provocar, asumir un texto desaliñado, incongruente, minuciosamente antinovelístico (aunque no antinovelesco)."[74] Dieser zeichnet sich gerade durch die bereits erläuterte Offenheit aus und ist G.P Landow zustimmend mit Barthes Konzept des *schreibbaren Textes* vergleichbar, der sich dem *lesbaren Text* gegenüber stellt. Während der lesbare Text ein klassischer Text ist, also das Produkt eines Autors, das vom Leser konsumiert wird, so weist der schreibbare Text folgende Merkmale auf und erweist sich als Spiel, statt als Konsumgegenstand: „Pluralität der Zugänge, die Offenheit des Textgewebes, die Unendlichkeit der Sprache."[75]

Rayuela beinhaltet beide Romantypen: Die erste Lesart entspricht dem traditionellen Roman, dem lesbaren Text und die zweite sowie alle anderen Lesarten können dem Anti-Roman, dem schreibbaren Text zugeordnet werden. Somit beherbergt *Rayuela* gleichsam die Form, von der es sich absetzten will und leugnet die literarische Linie, in die es sich zwangsweise einreiht, nicht.

Der Leser des schreibbaren Textes nimmt „die Rolle eines Detektivs"[76] ein, der selbst die Verbindung zwischen den Lexien, den Textfragmenten, herstellen muss. Ihm wird so grundsätzlich eine „größere kognitive Last"[77] zugemutet und ein hohes Maß an Selbstreflexion abverlangt, so dass man sich fragen kann, ob Literatur in diesem Falle nicht als Werkzeug zur Erziehung zum autonomen Wesen fungiert, wie von Umberto Eco angedeutet wird:

> Man kann sich deshalb fragen, ob die moderne Kunst, wenn sie zum ständigen Zerbrechen der Modelle und Schemata erzieht - [...] - nicht ein pädagogisches Instrument mit befreiender Funktion darstelle könnte; und in diesem Falle würde das, was sie tut, über den Bereich des Geschmacks und der ästhetischen Strukturen hinausreichen, um sich in einem größeren Zusammenhang einzufügen und dem heutigen Menschen eine Möglichkeit zur Selbstfindung und Autonomie zu zeigen.[78]

Doch sollte man vorsichtig mit den Schluss sein, dass durch das neue Verständnis von Lesen der Leser gleichsam zum Autor wird, wie von Uwe Wirth bestätigt wird: „Die Tatsache, dass wir gleichsam »im Lesen schreiben«, bedeutet jedoch noch nicht, dass der Leser Autor ist."[79]

---

[74] Cortázar, J.: Rayuela. S. 559.
[75] Barthes, R.: S/Z. S. 9.
[76] Wirth, U.: Wen kümmert´s ‚wer spinnt? S. 35.
[77] Winko, S.: Lost in hypertext? S. 519.
[78] Eco, U.: Das offene Kunstwerk. S. 153.
[79] Wirth,. U.:Wen kümmert´s, wer spinnt? S. 30.

4.2. Der Autor

Trotz dieser Einwände spricht Roland Barthes metaphorisch von dem Tod des Autors: „Die Geburt des Lesers ist zu bezahlen mit dem Tod des AUTORS."[80] Diesem Angriff gegen den Begriff Autor folgten zahlreiche andere aus dem Lager der poststrukturalistischen Kritik, wobei Michel Foucaults Vortrag *Qu´est-ce qu´un auteur?* einer der Meistbekanntesten ist.

Diese neuen Ansichten, Innovationen und Thesen fanden in der Folge in der Literaturwissenschaft schnell und in einer immensen Breite Anerkennung, um dann in der heutigen Forschung wieder verworfen zu werden, so dass man sogar von der Rückkehr des Autors spricht. Verbunden ist diese Wiederaufnahme mit einer scharfen Kritik un- oder halbreflektierter Annahme neuer Standpunkte und der Einsicht in die „offensichtliche Diskrepanz zwischen Theoriedebatte und Interpretationspraxis"[81], so dass man gezwungen war einzusehen, dass der Autor, wenn auch als Konstrukt, für die Praxis der Interpretation unerlässlich ist.

Die Gestalt des Autors wird nämlich je nach Interpretationstypus ganz bis gar nicht gebraucht. Gebraucht wird sie in autorphilologischen und psychologischen Interpretationen. Auch in epochenspezifischen Interpretationen wird er in der Funktion der Eingrenzung relevant. Eine unbedeutende Rolle spielt der Autor, wenn es darum geht Strukturprinzipien zu ermitteln und in Interpretationen, die den Stil bestimmen wollen oder aber in Interpretationen, die mit dem Konzept des implizierten Autors arbeiten.[82]

Hinzu kommt, dass man beginnt, den Ausspruch des vermeintlichen Todes vor einer konkret historischen Situation, nämlich der 68er Bewegung, zu betrachten und so die Kritik des Autos weniger für ein unumstößliches Tatsache hält, als für ein „Symptom für einen wissenssoziologisch beschreibbaren Wandel der Literaturwissenschaft."[83]

Der erste Angriff gegen den gebräuchlichen Begriff des Autos erfolgt bereits 1926 in einem Aufsatz namens *The intentional Fallacy* von Wimsatt und Beardsley mit dem Ausspruch „The Poem belongs to the public."[84] Sie kritisieren darin die übliche

---

[80] Barthes, R.: Der Tod des Autors. S. 110.
[81] Jannidis, Fotis u. Gerhard Lauer u.a.: Rede über den Autor an die Gebildeten unter seinen Verächtern. In: Rückkehr des Autors. Zur Erneuerung eines umstrittenen Begriffs. Hrsg. v. Fotis Jannidis u. Gerhard Kauer u.a. Tübingen: Max Niemeyer Verlag 1999. S. 17.
[82] Auch diese Arbeit wird nicht ohne das Konstrukt des Autors auskommen werden: Es werden Querverweise auf weitere Schriften Cortázars, sowie auf seine Poetik gemacht.
[83] Jannidis, Fotis u. Gerhard Lauer u.a.: Rede über den Autor an die Gebildeten unter seinen Verächtern. S. 16.
[84] Peer, Willie van: Absicht und Abwehr. Intention und Interpretation. In: Rückkehr des Autors. Zur Erneuerung eines umstrittenen Begriffs. Hrsg. v. Fotis Jannidis u. Gerhard Kauer u.a. Tübingen: Max Niemeyer Verlag 1999. S. 109.

Interpretationsart, mit der die Bedeutung eines literarischen Textes von der Intention des Autors abgeleitet wird und wenden sich damit gegen den damals gängigen Biographismus und die Tendenz textexterne Schriften in die Interpretation mit einzubeziehen. In den fünfziger Jahren plädiert dann Wolfgang Kayser für die Unterscheidung zwischen Autor und Erzähler fiktionaler Texte. Er negiert zwar nicht die Relevanz des Autors als Bezugsperson bei Interpretationen, schränkt sie aber ein. 1961 führt Wayne C. Booth dann in *The Rhetoric of Fiction* den Begriff des *implied author* ein, setzt also dem Erzähler und dem Autor eine dritte Instanz hinzu, die sich als Autor ausgibt und im Text Stellung bezieht. Bereits vor Roland Barthes befindet Julia Kristeva in *Le mot, le dialogue et le roman* den Autor zu einem „bloßen Schnittpunkt von Diskursen"[85], so dass nicht der Autor Produzent des Textes ist, sondern der Text sich nunmehr selbst hervorbringt, nämlich als Wiederholung und Modifikation anderer Texte. Das gleiche Textverständnis ist bei Barthes erkennbar, wenn er schreibt: „Der Text ist ein Gewebe von Zitaten aus unzähligen Städten der Kultur." [86] Der Autor wird hier zugunsten einer universalen, unumgänglichen Intertextualität verabschiedet.

Auch Michel Foucault spricht in *Qu´est-ce qu´un auteur?* dem Autor nur noch „die Rolle des Toten im Spiel des Schreibens"[87] zu. Was er beabsichtigt, ist die diachrone Beschreibung und Analyse der Funktion des Autors, die vornehmlich klassifikatorischen Charakter hat und dazu dienlich ist, Texte zu gruppieren, die einem individuellen Subjekt zugeordnet werden, so dass der Autor „wohl nur eine mögliche Spezifikation der Subjekt-Funktion"[88] ist.

Relativiert wird damit die Idee des Autors als individueller Schöpfer, die mit der Romantik im 18. Jahrhundert ihren Anfang nimmt und in Deutschland 1886 in der Berner Übereinkunft eine juristisch festgelegte Erklärung des Eigentumsverhältnisses des Urhebers zu seinem Text findet. [89] Entscheidend sind für das damalige Verständnis des Autors die Begriffe Urheber, Schöpfer und persönlich geistige Schöpfung. Zu jener Zeit entwickelt sich ein neues Selbstverständnis von Kunst, das seinen paradigmatischen Ausdruck im Diskurs des Genies findet. Der Autor wird zum

---

[85] Jannidis, F. u. Gerhard Lauer u.a.: Rede über den Autor an die Gebildeten unter seinen Verächtern. S. 14.
[86] Barthes, R.: Der Tod des Autors. S. 108.
[87] Foucault, Michel: Was ist ein Autor. In: Schriften zur Literatur. Frankfurt am Main: Suhrkamp 2003 (= Suhrkamp Taschenbuch Wissenschaft 1675). S. 239.
[88] Ebd. S. 259.
[89] Vgl. Jannidis, Fotis: Einführung: Der Autor in Gesellschaft und Geschichte. In: Rückkehr des Autors. Zur Erneuerung eines umstrittenen Begriffs. Hrsg. v. Fotis Jannidis u. Gerhard Kauer u.a. Tübingen: Max Niemeyer Verlag 1999. S. 297.

Prometheus, zum Rebellen, der sich gegen jegliche Konventionen stellt und die Heteronomieästhetik durch die Autonomieästhetik ersetzt. In dem Maße wie die Konformität gegenüber gültigen Gattungsregeln und Stilkonventionen sinkt, um so mehr emanzipiert sich die Einbildungskraft und wird zur Quelle von Neuartigem, Individuell-Einzigartigem.

Dieses Verständnis vom Autor als *alter deus* weicht bereits mit Mallarmé, der den Autor als Durchgangsstation der Sprache versteht und so auf das Modell des inspirierten Dichters der Antike, des *poeta vates*, der lediglich eine Mittlerfunktion zwischen den Göttern und den Menschen inne hatte, verweist. Kontrastiert wird diese Form dichterischer Produktion durch die des *poeta doctus*, auch *poeta faber*, genannt, so dass dichterisches Schaffen mit dem Beherrschen von technischen Fähigkeiten gleichgesetzt wird. Beiden Modellen ist gemein, dass „die Individualität des Autors zugunsten überindividueller Instanzen zurücktritt."[90] So sind es entweder transzendentale Quellen, wie die Musen oder die Inspiration, oder aber immanente Quellen, wie das Buch, die Schrift oder die Welt selbst, die sprechen, dessen gemeinsamer Nenner also etwas Unkontrollierbares ist.

Das Konzept der Individualität ist trotz allem keine Innovation des 18. Jahrhunderts, sondern reicht zurück bis in die griechische Antike, als die Schüler von Aristoteles Biographien von bedeutenden Menschen anfertigen. Im 13. Jahrhundert wird dann in lateinischen Textkommentaren die Person der Autors als Legitimationsquelle beansprucht. Die Veränderung im 18. Jahrhundert besteht weitäsgehend darin, dass der individuelle Autor nun im Zuge der Auflösung der Regelpoetik als poetologische Bezugnahme dient. Eng mit dieser biographischen Individualität des Autors ist „der Rekurs auf die Intention des Autors als Verstehensnorm"[91] verbunden und findet in der romantischen Hermeneutik ihre theoretische Auseinandersetzung und Fundierung.

Mit den im 18. Jahrhundert fundierten Begriffen von Individualität und der Intention des Autors etabliere sich eine dritte Form von Autorschaft, die juristische, die eng verknüpft ist mit dem Aufbau eines Literaturmarktes. Paradox und widersprüchlich erscheint angesichts der Entwicklung eben dieses Begriffes von Autorschaft die Tatsache, dass das Recht des Autors auf seinen Text nach einer gewissen Zeit verfällt und dieser der Allgemeinheit zufällt.

---

[90] Jannidis, F. u. Gerhard Lauer u.a.: Rede über den Autor an die Gebildeten unter seinen Verächtern. S. 5
[91] Ebd. S. 7.

Diese Gleichsetzung konkurrierender Modelle ist heute gängige Praxis und wird auch von Foucault rekurriert, wenn er einführt, dass der Umgang mit Autornamen in Wissenschaft und Literatur jeweils verschieden ist: Werden bestimmte Autoritäten in der Antike und im Mittelalter noch als Argument oder Legitimierung herangetragen, so nimmt die Anonymität im 17./18. Jahrhundert die Überhand, da von wissenschaftlichen Texten verlangt wird, dass sie sich dem Signifikat der Wahrheit unterordnen.

Die Diskussion vom Tod des Autors im Zuge von Foucault und Barthes sind allerdings übertrieben und unhaltbar, weil Foucault selbst einräumt, dass es ihm nicht um das Verschwinden oder Leugnen des Autors und seiner Funktionen geht:

> Es geht nicht darum, zu behaupten, dass der Mensch tot ist, es geht darum, ausgehend von der Idee – die nicht von mir stammt und die seit dem Ende des 19. Jahrhunderts immer wieder wiederholt wird -, dass der Mensch tot ist ([..]), zu erkennen auf welche Weise und nach welchen Regeln das Konzept »Mensch« funktioniert.[92]

So kann man Uwe Japp zustimmen, wenn er behauptet:

> Was Foucault tatsächlich (in Ansätzen) beschreibt, ist deshalb eine kritische Analyse der Funktion des Autors in der Ordnung des Diskurses, nicht das Verschwinden des Autors *aus* dieser Ordnung.[93]

Auch Barthes hat nie den Autorbegriff in all seinen Aspekten für tot erklärt, sondern nur einige Merkmale von Autorschaft, wie von Klaus Weimar bestätigt wird: „In seinem Text mit dem plakativen Titel *La mort de l´auteur* findet nicht mehr, aber auch nicht weniger statt als die Demontage *eines* bestimmten Autorbegriffs namens l´Auteur [...]."[94] Dieser entspricht der Vorstellung eines göttlichen, absoluten Autors.

So wie es übertrieben ist von dem Tod des Autors zu sprechen, so sollte auch im Zusammenhang mit Hypertexten Vorsicht gewahrt werden vor Todeserklärungen, wie sie etwa Landow proklamiert, und differenzierter gedacht werden.[95]

Im Zuge des neuen Textverständnisses von Hypertexten wird immer wieder von dem Verlust der organisierenden und bedeutungsstiftenden Autorität des Autors, sowie dem Ende des individuellen Schöpfertums gesprochen, doch sollte man eher von einer Neuorganisation oder -strukturierung sprechen. Auch Autoren von Hypertexten organisieren, strukturieren ihre Texte, indem sie ihren Schriftkorpus aus einer beschränkten, vorgegebenen Anzahl und Menge an Lexien zusammensetzen und

---

[92] Foucault, M.: Was ist ein Autor? S. 266.
[93] Japp, Uwe: Der Ort des Autors in der Ordnung des Diskurses. In: Diskurstheorien und Literaturwissenschaft. Hrsg. v. Jürgen Fohrmann und Harro Müller. Frankfurt am Main: Suhrkamp 1988. S. 232.
[94] Weimar, Klaus: Doppelte Autorschaft. In: Rückkehr des Autors. Zur Erneuerung eines umstrittenen Begriffs. Hrsg. v. Fotis Jannidis u. Gerhard Kauer u.a. Tübingen: Max Niemeyer Verlag 1999. S. 132.
[95] Vgl. Landow, G. P.: Hypertext. S. 74.

indem sie Links setzten, bestimmte Pfade vorgeben, wie von Winko bestätigt wird: „[...] ergibt sich mit dem Setzen von Links eine neue Möglichkeit der Manifestation von Autorintention in Hypertexten."[96] Das Element, dass dem Leser einen wichtigen Teil seiner Freiheit zuspricht, ist eben genau das, das dem Autor ermöglicht, bestimmend einzugreifen.

Die Möglichkeit Links zu setzten verweist auf eine andere wichtige Neuerung im Rahmen von Hypertexten: Die Unterscheidung von Tätigkeiten wie Schreiben und Verknüpfen und somit auch auf die Differenz von Schreiber und Verknüpfer. Winko führt weiterhin ein, dass der Autor, der Verknüpfungen herstellt, sich nur graduell von einem Editeur unterscheidet. Dies aber je nach Leistung des Autors sogar zu einem prinzipiellen Unterschied werden kann. [97]

Wirth spricht dagegen von einer „Verdopplung der editorialen Funktion"[98], da sowohl der Akt des schöpferischen Schreibens, als auch der des technischen Zusammensetzens „in einem performativen editorialen Akt gründen."[99] Denn sobald der Herausgeber schöpferisch wird, sich also in einen verlinkenden Autor verwandelt, erfüllt er die Funktion des „editorialen Arrangement" [100], das laut Wirth die „grundlegende performative Operation jeder Textherstellung und Textverarbeitung"[101] ist. Doch man kann noch eine dritte Form des Herausgebers benennen, nämlich die, die der Leser einnimmt. Er entpuppt sich als Herausgeber seines Leseprozesses:

> Der Autor ist der Herausgeber bestimmter Textelemente, die durch den aktiven Leser zur Einheit geführt werden. Der Leser seinerseits übernimmt insofern eine auktoriale Funktion, als er der Herausgeber seiner Sammlung von Lektüreergebnissen ist, [...].[102]

5. Schreiben – Suche durch das Labyrinth der Zeichen

5.1. Logozentrismus versus Zen-Buddhismus

Die Thematik der Suche wird bereits mit dem ersten Satz im ersten Kapitel angedeutet und auf unterschiedlichen Ebenen von unterschiedlichen Figuren realisiert: „¿Encontraría a la Maga?"[103]

---

[96] Winko, S: Lost in hypertext? S. 533.
[97] Vgl. ebd. S. 530.
[98] Wirth, U: Performative Rahmung, parergonale Indexikalität. S. 423.
[99] Ebd. S. 423.
[100] Ebd. S. 424.
[101] Ebd. S. 424.
[102] Wirth, U: Wen kümmert´s, wer spinnt? S. 33.
[103] Cortázar, J.: Rayuela. S. 119.

Auf der Suche sind sowohl Horacio Oliveira, wie auch Morelli, der allerdings als Suchender erst im zweiten Buch vorkommt, und auf einer textexternen Ebene der Leser.

Oliveira befindet sich auf einer „ontologischen Pilgerfahrt"[104], dessen Ziel der Ursprung oder die Rückkehr durch die „Transzendierung der logozentrischen Aprioris abendländischer Kultur"[105] ist:

> Qué es en el fondo esa historia de encontrar in reino milenario, un éden, un otro mundo? Todo lo que se escribe en estos tiempos y que vale la pena leer está orientado hacia la nostalgia. Complejo de la Arcadia, retorno al gran útero, back to Adam, le bon sauvage (y van) *Paradiso perdido, perdido por buscarte, yo sin luz para siempre...*[106]

Dieses Ziel wird von Oliveira selbst als das Kibbuz der Begierde bezeichnet und thematisiert, wobei die Begierde oder auch Lust als unverständliche Kräfte definiert werden, die auf den Menschen wirken und eine Zusammenkunft, eine Einheit, bewirken. Prämisse ist der Verlust eben dieser Einheit, die die Einheit der Welterfahrung, der Lebenserfahrung, der Selbsterfahrung oder der Erfahrung des Anderen sein kann. In der Moderne ist eben diese Einheit zerfallen und lässt, im Diskurs der Literatur, das Recht oder die Möglichkeit zu erzählen, fragwürdig erscheinen: „Zerfallen ist die Identität der Erfahrung, das in sich kontinuierliche und artikulierte Leben, das die Haltung des Erzählers einzig gestattet."[107] So verfällt die Literatur in eine Motivations- und Legitimationskrise, die mit einer Sprachkrise verbunden ist. Diese wiederum gründet in der Einsicht, dass man nichts Besonderes zu erzählen hat, da eben dieses durch das Raster der Sprache fällt, also sprachlich nicht vermittelbar, kommunikabel ist: „Etwas erzählen heißt ja: Etwas *Besonderes* zu sagen haben, und gerade das wird von der verwalteten Welt, von Standardisierung und Immergleichheit verhindert."[108] So verweist Morelli eben auf diese Erkenntnis der Moderne, wenn er sagt: „[...]: no tenía ya nada que decir."[109]

Auf figürlicher Ebene könnte man vermuten, dass das Ziel der Suche Oliveiras durch Maga, die „femme-enfant, das Medium der Surrealisten, die Erlösung"[110] repräsentiert wird. Walter Bruno Berg zustimmend bleibt das eigentliche Ziel aber hinter Maga verborgen, sie „fungiert nur – substituierbar bei Gelegenheit durch ein

---

[104] Dellepiane, Angela B.: Julio Cortázar – der »revolutionäre« Erzähler. In: Lateinamerikanische Literatur. Hrsg. v. Michi Strausfeld. Frankfurt am Main: Suhrkamp 1989 (= Suhrkamp Taschenbuch 2041). S. 249.
[105] Berg, W. B.: Grenz-Zeichen Cortázar. S. 237.
[106] Cortázar, J.: Rayuela. S. 537.
[107] Adorno, Theodor W.: Standort des Erzählers im zeitgenössischen Roman. In: Noten zur Literatur 1. Frankfurt am Main: Suhrkamp 1963. S. 62.
[108] Ebd. S. 63.
[109] Cortázar, J.: Rayuela. S. 613.
[110] Dellepiane, A. B.: Julio Cortázar – der »revolutionäre« Erzähler. S. 255

anderes Objekt – als *Signifiant* dieses Ziels."[111] Sie nimmt eher die Figur der Ariadne ein, die ihn durch das Labyrinth der Welt und des Lebens führt, als die seiner Mitte. Sie begreift ohne zu erklären oder zu rationalisieren, lebt poetisch und ist das, was Cortázar als ein *Cronopium* bezeichnen würde: ein schöpferisches, kindliches Wesen, das gegen jegliche Gewohnheiten rebelliert. Gegenbild der Cronopien sind die *Famen*, die kleinbürgerlich, ordentlich, rational und alle gesellschaftlichen Regeln akzeptierend leben. Zwischen den Cronopien und Famen stehen die *Esperanzen*, die das Potential haben, Cronopien zu werden, sich zur Zeit aber noch den Famen unterwerfen.[112]

Oliveira hingegen ist gefangen in den Dualismen und Aprioris der abendländischen Kultur und sehnt sich danach, diese zu zerschlagen. So wird verständlich, warum er sich von Maga angezogen fühlt: Sie ist sein Gegenpart, seine binäre Opposition. So wie Oliveira eben der Tradition von Logik und Vernunft verpflichtet ist, so ist Maga Repräsentantin einer geistigen Strömung, die sich in den 60er Jahren großer Popularität erfreut: Des Zen-Buddhismus´. Für diese, ursprünglich vom Mahâyâna-Buddhismus abgeleitete, Glaubensform ist das „Mistrauen gegenüber dem begrifflichen Denken"[113], die Aufhebung der Frage nach dem Grund, die sich Oliveira ständig stellt, die Negierung von etwas Verborgenem hinter den Erscheinungen der Welt, das Fehlen einer herrschenden Mitte charakteristisch. Der Zen propagiert die Allpräsenz einer Mitte, die in jedem Seienden selbst liegt: „Ihm fehlt das herrschende Zentrum. Man könnte auch sagen: Die Mitte ist überall. Jedes Seiende bildet eine Mitte."[114] So wird auch verständlich, warum Maga kein Verständnis für das Chaos besitzt: Sie denkt nicht in Begriffen wie Chaos und Ordnung, da die Mitte in allen Dingen liegt.

Es lassen sich viele Episoden finden, die jeder Logik entbehren und dem Absurden Einlass gewähren. Doch diese Absurdität ist nicht die philosophische, existentialistische, sondern eher die des Zen-Buddhismus, wie Alazraki bestätigt: „[...] y están más cerca de la percepción Zen de la filosofía absurdista."[115] Ausdruck findet die Bestätigung des Absurden in dem sogenannten *koan*, einem Rätsel oder

---

115 Alazraki, J.: Hacia Cortázar. S. 215.

[111] Berg, W. B.: Grenz-Zeichen Cortázar. S. 188.
[112] Vgl. Cortázar, Julio: Historias de cronopios y de famas. Madrid: Santillana Ediciones Generales 2000.
[113] Han, Byung-Chul: Philosophie des Zen-Buddhismus. Stuttgart: Reclam 2006 (= Reclams Universal-Bibliothek 18185). S. 7.
[114] Ebd. S. 19.
[115] Alazraki, J.: Hacia Cortázar. S. 215.

einem Dialog, auf das es keine Lösung gibt, die Vernunft sich also ihr eigenes Versagen eingestehen muss. Als Beispiel sei Folgendes genannt:

> Un monje pregunta: »¿Qué es el entendimiento, al fin y al cabo?« El maestro responde: »El entendimiento«. El monje: »No comprendo«. El maestro: »Yo tampoco«.[116]

Auch das Phantastische in Cortázars Romanen und seine phantastischen Erzählungen stehen ganz im Zeichen der Absicht, die Vernunft und die Logik in ihre Schranken zu weisen, gewohnte Denkmuster aufzubrechen. Das Phantastische präsentiert sich als das Fremde, das Unerwartete, das, im Sinne Caillois´, einen Riss in einer gewissen Ordnung darstellt.[117]

Angesichts des Rückzugs der Vernunft, brechen gewohnte Kausalitätsprinzipien und Ordnungsschemata zusammen, offenbaren ihre Konstruiertheit und Arbitrarität. Im Kapitel 23, der von Kritikern vielgelobten Episode des Besuch des Konzerts von Berthe Trépat, kommt es zu einer Aufzählung, die an die in Jorge Luis Borges´ Essay *El idioma analítico de John Wilkins* erinnert und Foucault dazu verleitete, *Les mots et les choses* zu schreiben:

> Los albañiles, los estudiantes, el clochard, la vendedora de lotería, cada grupo, cada uno en su caja de vidrio, pero que un viejo cayera bajo un auto y de inmediato habría una carrera de impresiones, de crítica, disparidades y coincidencias hasta que empezara a llover otra vez y los albañiles se volvieran al mostrador, los estudiantes a su mesa, los X a los X, los Z a los Z.[118]

Auch verweist diese Aufzählung auf den Begriff der *Heterotopie* wie Foucault ihn in *Les mots er les choses* definiert im Gegensatz zu der Verwendung des Begriffs in dem Radiovortrag vom 7. Dezember 1966, also als zwei oder mehr „Diskusmodalitäten, die der gewöhnlichen Erfahrung wiedersprechen."[119]

Der Zen-Buddhismus konvergiert also mit der Krise, in die die Literatur und der Mensch allgemein geraten sind, und verweist darauf, dass die Überwindung eben dieser, in der vollen Akzeptanz der Muster der Unlogik liegt. Auch Oliveira kommt zu diesem Schluss: „Sólo viviendo absurdamente se podría romper alguna vez este absurdo infinito."[120]

Der Zen-Buddhismus entbehrt jeglicher dualistischer Ordnung und verheißt somit einen Zustand fern von Oppositionen, so dass es auch nicht mehr der Versöhnung bedarf. Doch wäre es naiv zu glauben, dass der abendländische Mensch die „gran

---

[116] Ebd. S. 221.
[117] Vgl. Caillois, Roger: Das Bild des Phantastischen. In: Phaïcon 1 – Almanach phantastischer Literatur. Hrsg. v. Rein A. Zondergeld. Frankfurt 1974. S. 46.
[118] Cortázar, J.: Rayuela. S. 242.
[119] Defert, Daniel: Raum zum Hören. In: Michel Foucault: Die Heterotopien. Der utopische Körper. Zwei Radiovorträge. Frankfurt am Main: Suhrkamp 2005. S. 75.
[120] Cortázar, J.: Rayuela. S. 242.

máscera podrida del Occidente"[121] einfach abstreifen könnte, vielmehr wird er sich der Relativität seiner Gesetzte und Ordnung bewusst, kann aber nicht darauf verzichten, diese durch andere zu ersetzten:

> Doch verzichtet der Westen, auch wenn er freudig, das Wandelbare akzeptiert und die Kausalgesetzte, die es erstarren machen, ablehnt, nicht darauf, es durch provisorische Gesetze der Wahrscheinlichkeit und Statistik erneut zu bestimmen, weil - [...] - Ordnung und unterscheidender Verstand seine Berufung sind.[122]

Folgt man den ersten beiden, vom Autor vorgegebenen Lesarten, so scheint es, dass Oliveira im Kapitel 54, als er mit Talita, der Doppelgängerfigur von Maga, in den Leichenkeller der Anstalt geht und sie dort küsst, an das Ziel seiner Suche gelangt sei:

> De alguna manera había ingresado en otra cosa, en ese algo donde se podía estar de gris y ser de rosa, donde se podía haber muerto ahogado en un río (y eso ya no lo estaba pensando ella) y asomar en una noche en Buenos Aires para repetir en la rayuela la imagen misma de lo que acababan de alcanzar, la última casilla, el centro del mandala, el Ygdrassil vertiginoso, por donde se salía a una playa abierta, a una extención sin límites, al mundo debajo de los párpados que los ojos vueltos hacian adentro reconocían y acataban.[123]

Doch kommt ihm dies selbst wie ein imaginärer Traum vor:

> Sentía como si se estuviera yendo de sí mismo, abandonándose para echarse – hijo (de puta) pródigo, en los brazos de la fácil reconciliación, y de ahí la vuelta todavía más fácil al mundo, a la vida posible, al tiempo de sus años, a la razón que guía las acciones de los argentinos buenos y del bicho humano en general.[124]

Diese Erfahrung führt ihn allerdings in Kapitel 56 direkt zu einem Verhalten, das man von Standpunkt logozentrischer Vernunft heraus als Wahnsinn bezeichnen würde: Oliveira verbarrikadiert sich in seinem Zimmer, da er einen Angriff Travelers fürchtet. Auch wenn diese Angst unmotiviert ist, macht sie doch einen Konflikt transparent, der seit Anbeginn von *del lado de allá* präsent ist: Die Figur des Doppelgängers, die Oliveira in Traveler erblickt, und die Spiegelung der Figuren Maga - Talita. Entscheidend ist, dass diese Verteidigung, Verbarekadierung Ausdruck der „Anerkennung der realen Differenz des Anderen"[125] ist und seine Suche somit gescheitert.

Vieldiskutiert ist angesichts dieser Einsicht die Frage, ob Oliveira nun Selbstmord begeht, sich aus dem Fenster direkt in das Himmel-Feld des Rayuelaspiels am Boden wirft oder nicht. Berg zustimmend, kann man davon ausgehen, dass Oliveira lediglich den Gedanken an Selbstmord hegt, ihn aber nicht in die Tat umsetzt, da er

---

[121] Ebd. S. 673.
[122] Eco, U.: Das offene Kunstwerk. S. 236.
[123] Cortázar, J.: Rayuela. S. 482.
[124] Ebd. S. 479.
[125] Berg, W. B.: Grenz-Zeichen Cortázar. S. 219.

erkennt, dass dieser, ebenso wie der Irrsinn, nur eine imaginäre Lösung der Differenz ist. Trotzdem wird die Einheit nicht in Gänze geleugnet, lediglich ihre Dauer ist begrenzt:

> [...], diciéndose que al fin y al cabo algún encuentro había, aunque no pudiera durar más que ese instante terriblemente dulce en el que lo mejor sin lugar a dudas hubiera sido inclinarse apenas hacia afuera y dejarte ir, paf se acabó. [126]

Die Suche Oliveiras wird als ästhetisches Pogramm Morellis im zweiten Buch fortgesetzt: Literatur reflektiert er als spezifische Praxis der Suche mit dem Ziel einen „estado *sin diferencia*"[127] zu finden. Um dies zu erreichen, muss er erst die gewöhnlichen literarischen Formen zerschlagen und eine neue Form der Kommunikation von Leser und Autor finden: „¿Para qué sirve un escritor si no para destruir la literatura?"[128] Morelli ist gleichsam Schöpfer und Zerstörer und verweist so auf die Eigenschaften Dädalus´ als mythologischer Prototyp des Künstlers.

Diese neue literarische Form zeichnet sich durch eben die Merkmale aus, die typisch sind für Hypertexte, und umgeht so den immerwährenden Dualismus abendländischer Kultur, wie auch von Landow angedeutet wird: „[...] that digitality goes not necessarily lock one into either a linear world or one of binary oppositions."[129]

Trotzdem finden sich im Roman selbst binäre Oppositionen, wie etwa auf der Figurebene durch die unterschiedlichen Wahrnehmungsarten von Maga und Oliveira, von „antiintelectualismo y el hiperintelectualismo."[130]

Ersichtlich wird dieses Paradoxon angesichts der Tatsache, dass natürlich auch Morellis Denken, wie auch schon das Oliveiras und die Suche selbst, in den Logozentrismus des Abendlandes eingeschrieben, Bestandteil des okzidentalen Denkens sind.

Am Ende gelangt auch Morelli zur gleichen Einsicht wie Oliveira: „Bueno, la búsqueda no *es*. Sutil, eh. No es búsqueda porque ya se ha encontrado. Solamente que el encuentro no cuaja. Hay carne, papas y puerros, pero no hay puchero."[131]

Die Überschreitung, die Lösung liegt demnach in der Einsicht, dass der Suchende nicht suchen würde, wenn er nicht schon gefunden hätte, da Subjekt und Objekt der

---

[126] Cortázar, J.: Rayuela. S. 509.
[127] Ebd. S. 674.
[128] Ebd. S. 614.
[129] Landow, G. P.: Hypertext. S. 20.
[130] Alazraki, J.: Hacia Cortázar. S. 233.
[131] Cortázar, J.: Rayuela. S. 674.

gleichen Kette von *Signifiants* angehören. Allerdings unterliegt dieses Treffen, dieser Moment von Einheit der Zeitlichkeit, ist nicht von Dauer.

5.2. Die Sprache:

Cortázar selbst hat die Mitte oder auch das Ziel der Suche in einem Interview wie folgt beschrieben:

> [...], porque lo que él llama *Centro* sería ese momento en que el ser humano, individual o colectivo, puede encontrarse en una situación donde está en condiciones de reinventar la realidad.[132]

Wesentliches Element zur Zerschlagung eben dieser gewohnten Denkmuster und Wahrnehmungsschemata ist die Sprache, eines der ältesten Aprioris des Menschen. Morellis literarische Theorie baut auf sprachphilosophischen Prämissen auf, die sich aus der Philosophie Wittgensteins und semiotischen Theorien zusammensetzen. Entscheidend ist, dass Sprache und Realität nicht identisch sind, sie somit dem Denken der Menschen Grenzen setzt, die es zu überwinden gilt, und das Bild der Realität verfälschen kann. Die Realität kann nur zerschlagen werden, indem die Sprache sich aus ihren vorgegebenen Grenzen lößt. Trotzdem bleibt Literatur gebunden an das Medium, gegen das sie sich wendet, und wird so „zum bloß arbiträrem Spiel mit vorgegebenen Codes."[133] Schreiben präsentiert sich also als permanente Arbeit am Signifikanten, als Suche nach dem passenden Ausdruck, die den Charakter eines Spiels annimmt. Wir finden hier Barthes Aussage, dass „die Wahrheit des Labyrinths im SPIEL"[134] liegt, begründet. Dieses Spiel ist eins mit Sprache, Codes, Zeichen und Bedeutungen und wird im Kapitel 34 modellhaft realisiert. Dort werden die Zeilen verschiedenartig ineinandergeschachtelt, so dass sie „den Charakter eindeutig bestimmbarer Zeichen"[135] verlieren. Diese Struktur hat wiederum Modellcharakter für den Roman insgesamt: Die narrativen Abschnitte werden immer wieder durch andere unterbrochen, so dass ein „ins Unendliche der Zeichenkette verweisender Prozess semiotischer De-Konstruktion"[136] entsteht. Cortázar zerschreibt bewusst die Sprache, um dem ersehnten „Novum Organum"[137], nahe zu kommen. Sprache soll nicht mehr als Topos, Gemeinplatz realisiert werden, sondern zerschlagen werden, um dann wieder belebt, erfunden zu werden und so

---

[132] Prego, O.: La fascinación de la palabra. S. 121.
[133] Berg W. B.: Grenz-Zeichen Cortázar. S. 222.
[134] Barthes, Roland: Die Vorbereitung des Romans. Frankfurt am Main: Suhrkamp 2008. S. 201.
[135] Berg, W. B.: Grenz-Zeichen Cortázar. S. 251.
[136] Ebd. S. 251.
[137] Cortázar, J.: Rayuela. S. 726.

eine neue Form der Realität und des Denkens zu generieren, die frei ist von den alten abendländischen, unlösbaren Dichotomien: „Lo único que prueba mi lenguaje es la lentitud de una visión del mundo limitada a lo binario."[138] Dazu macht er Gebrauch von folgenden sprachlichen Mitteln: plötzlichen Unterbrechungen, Verwendung von Lautmalerei, Aufzählungen, die gewohnte Assoziationsketten aufbrechen, Verwendung verschiedenster Sprachebenen wie etwa des Lunfardo.[139]

Sein Bemühen, die Sprache zu reinigen, sie von dem historischen Ballast zu befreien, erinnert an das der Dadaisten und Surrealisten: „El idioma está ahí, pero hay que limpiarlo, [...]."[140] Resultat dieses Vorhabens sind Lautgedichte, dessen Wörter sich zwar aus den bekannten Buchstaben zusammensetzten, allerdings in einer Kombination, die an kein bisher bekanntes Wort erinnert. Als bekanntestes Beispiel sei auf Hugo Balls Lautgedichte verwiesen.

Allerdings werden auch die Bemühungen der Surrealisten kritisch beleuchtet und verworfen:

> Los surrealistas creyeron que el verdadero lenguaje y la verdadera realidad estaban censurados y relegados por la estructura racionalista y burguesa del occidente. Tenían razón, como lo sabe cualquier poeta, pero eso no era más que un momento en la complicada peladura de la banana. Resultado, más de uno se lo comió con la cáscara. Los surrealistas se colgaron de las palabras en vez de despegarse brutalmente de ellas, [...]. [...], no basta con querer liberarlo de sus tabúes. Hay que re-vivirlo, no re-animarlo.[141]

Im Kapitel 68 vollzieht der Erzähler das Vorhaben, eine neue Sprache zu erfindet und kreiert das sogenannte *glíglico*. Diese ist Sprachspiel, das von dem Gehör, dem Klang der Wörter regiert wird, dessen musikalische Dimension dominiert.

Auffällig ist auch, dass Oliveira geschriebene Wörter, vor allem im Anlaut, mit dem Buchstaben h anreichert: „Escribía por ejemplo: »El gran hasunto«, o »la hencrucijada«. Era suficiente para ponerse a reír y cebar otro mate con más ganas. »La hunidad« hescribía Holiveira."[142] Da aber im Spanischen das h im Anlaut nicht ausgesprochen wird, es keine lautliche Realisierung erfährt, verweist dieses Spiel von Schrift und Phonetik, von Graphem und Phon auf eine Umkehrung der alten hierarchischen Beziehung von Schrift und Laut, wie sie Derrida *De la grammatologie* beschreibt.

---

[138] Ebd. S. 573.
[139] Der Lunfardo ist eine spanische Varietät, die in Argentinien gesprochen wird und sich Ende des 19./Anfang des 20. Jahrhunderts in den Siedlungen der Einwanderer entwickelte.
[140] Prego, O.: La fascinación de las palabras. S. 177.
[141] Cortázar, J.: Rayuela. S. 613.
[142] Ebd. S. 581.

Auch der Topos der Weltschrift und die epochenübergreifende Metapher der Lesbarkeit der Welt werden rekurriert: „Digamos que el mundo es una figura, hay que leerlo. Por leerla entendemos generarla." [143] Im Gegensatz zu der gebräuchlichen, modernen Verwendung dieses metaphorischen Redens, bei der die Welt einer Schrift gleichgesetzt wird, die es zu entziffern gilt, verweist Cortázar hier auf das Abhängigkeitsverhältnis von Schrift und Welt und auf den performativen Charakter von Sprache allgemein.

Verbunden mit der Problematik der Sprache ist das der Kommunikation und mit ihr das Handlungsmotiv der Liebe, die Teil der metaphysischen Suche von Oliveira ist. So sehr er sich von Maga angezogen fühlt, so ist sie doch nur ein Teil der endlosen Kette von *Signifiants* und nicht sein ersehntes *Signifié*. Wiederholt taucht der Ausdruck „pero el amor, esa palabra"[144] auf und lässt vermuten, dass Liebe lediglich ein Wort ist, das der Funktion der Kommunikation unterliegt. Allerdings scheitert dieses Unterfangen stets und der Mensch bleibt in sich gefangen, nicht in der Lage den anderen zu verstehen oder sich selbst verständlich zu machen:

> Mirá, Manolo, vos hablás de entendernos, pero en el fondo te das cuenta que yo también quisiera entenderme con vos, y *vos* quiere decir mucho más que vos mismo. La joroba es que el verdadero entendimiento es otra cosa. Nos conformamos con demasiado poco. Cuando los amigos se entienden bien entre ellos, cuando los amantes se entienden bien entre ellos, cuando las familias se entienden bien entre ellas, entonces creemos en armonía. Engaño puro, espejo para alondras. A veces siento que entre dos que se rompen la cara a trompadas hay mucho más entendimiento que entre los que están ahí mirando desde afuera.[145]

Auch wenn das Objekt verschwindet, so mündet diese Einsicht nicht in einem „stoischen, monologisierenden Individualismus"[146], sondern verweist eher auf das verschwundene Ich, auf ein Ich, das sich sucht:

> Que en cada sucesiva derrota hay un acercamiento a la mutación final, y que el hombre no es sino que busca ser, proyecta ser, manoteando entre palabras y conducta y alegría salpicada de sangre y otras retóricas como esta. [147]

Diese fundamentale Infragestellung und kritische Haltung der Möglichkeit menschlicher Kommunikation gegenüber wird im Kapitel 41 thematisiert: Als Oliveira versucht imaginäre Nägel gerade zu klopfen, verspürt er Lust Mate zu trinken, muss allerdings feststellen, dass er keinen mehr hat. Also bittet er seinen Freund Traveler und seine Freundin Talita, dessen Wohnung sich auf der gegenüberliegenden Seite befindet und nur durch einen schmalen Gang von der Oliveiras getrennt ist, ihm

---

[143] Ebd. S. 540.
[144] Ebd. S. 159, 592.
[145] Ebd. S. 437.
[146] Berg W. B.: Grenz-Zeichen. S. 194.
[147] Cortázar, J.: Rayuela: S. 524.

welchen zu borgen. Da beide nicht dazu bereit sind, den Gang zu überqueren, kommt ihnen die Idee, aus Brettern eine kleine Brücke zwischen den Fenstern zu errichten, um so den ersehnten Mate und die Nägel transportieren zu können. Versucht man diese Gegebenheit auf das Kommunikations-Modell zu übertragen, so ist Oliveira der Empfänger, die Bretterbrücke der Kanal und der Mate und die Nägel die Botschaft. Doch stellt sich hier sowohl dem Leser als auch Traveler die Frage nach dem Sinn und Zweck, auf die Oliveira nur antwortet: „Tengo la impresión de que en cuanto tenga clavos bien derechos voy a saber para qué los necesito."[148] Die Botschaft wird zum Selbstzweck und verweist lediglich auf sich selbst. Hinzu kommt eine eigentümliche Verdopplung der Senderinstanz durch die Tatsache, dass Talita die Nägel und den Mate über die Brücke befördert. Doch schon bald fühlt sie sich selbst als Botschaft zwischen Traveler und Oliveira.

Auch die Literatur wird von Morelli als Brücke ausgewiesen: „Tomar de la literatura eso que es puente vivo de hombre a hombre, [...]."[149] Dabei kommt es zur gleichen Metamorphose wie in der oben beschriebenen Szene: Die Literatur ist bloß ein Medium, in dessen Verlauf der Sender, also der Autor, selbst zur Botschaft wird, so dass Schreiben immer „extraña autocreación del autor por su obra"[150] ist. Man kann also schlussfolgern, dass die Frage nach dem *wer spricht?* auf den Autor zurückführt, ihn wieder *auferstehen* lässt. Literatur würde also ohne Codes realisiert werden, so dass die Stimme des Autors unmittelbar präsent ist und so das Einzigartige doch kommuniziert wird. Gefordert wird, dass sie ohne den Gemeinplatz der Sprache realisiert wird, also frei von Supplementarität, dem endlosen Verweisspiel von Signifikant zu Signifikant, sei.

6. Fazit

Mitte des 20. Jahrhunderts ist ein „Paradigmenwechsel"[151] in der Literatur erkennbar, der einen grundlegenden Wandel im Verständnis derselbigen dokumentiert. Der traditionelle narrative Diskurs wird durch die Denkform des Gewebes, der Metapher vom Text als Rhizom ersetzt. Literarische Hypertexte stehen dabei ganz im Zeichen dieser Veränderung. Sie lassen sich definieren als eine Sammlung von Lexien, die durch Links miteinander verbunden werden und unterschiedliche Wege durch den

---

[148] Ebd. S. 392.
[149] Ebd. S. 560.
[150] Ebd. S. 560.
[151] Suter, Beat: Hyperfiktion und interaktive Narration im frühen Entwicklungsstadium. Zürich: update Verlag 2000. S. 25.

31

labyrinthischen Schriftkorpus ermöglichen. *Rayuela* schreibt sich nicht nur zeitlich durch seinen Entstehungszeitraum, sondern auch bedingt durch seine Struktur in diese Veränderung ein.

Der Roman, der sich als Anti-Roman versteht und trotzdem die traditionelle Romanform als mögliche Lesart beherbergt, weist die vier Merkmale, die Hypertexte auszeichnen, auf: Die labyrinthische Struktur wird ergänzt durch das Verständnis der Literatur als Netz von Verweisen, Andeutungen und Zitaten, so dass der textuellen Struktur, die einem Labyrinth ohne Mitte gleicht, ein zweites unterlegt wird, nämlich das der Intertextualität. Diese ist ihrer Tendenz nach rahmensprengend und macht so Begriffe wie Beginn und Ende eines Textes problematisch, da sie, eine fließende Rahmung propagierend, einen eindeutigen Zugang negiert. Diesen aber benötigt der Leser, um einen Einstieg zu gewinnen. Cortázar ist sich dieser Tatsache bewusst und inszeniert mit Aufpfropfungsverfahren wie dem Vorwort einen möglichen Eingang.

Hat der Leser einen Zugang gefunden, so kann er im Falle von *Rayuela* entweder den beiden vom Autor vorgegebenen Lesarten folgen oder aber selbst darüber entscheiden, welche Kapitel, Lexien er in welcher Reihenfolge liest. Literatur wird hier als ein Kombinationsspiel verstanden, das nicht nur vom Autor *gespielt wird*, sondern auch eine explizite Aufforderung an den Leser bereithält, sich aktiv am Machen, Gestalten des Werkes zu beteiligen. Diese Aufgabe kann der Leser allerdings nur bewerkstelligen, wenn das Werk eine gewisse Offenheit, die von Umberto Eco als *zweite Offenheit* bezeichnet wird, aufweist.

Offen sind auch die jeweiligen Übergänge zwischen den Lexien, so dass der Leser zum einen gezwungen ist, zwischen den Texteinheiten zu springen, und zum anderen diese Lücken, nach Isers Terminologie Leerstellen, zu füllen und so selbst Kohärenz zu stiften.

Als viertes Merkmal sei die Abwesenheit eines fixen Zentrums genannt, die die Sinnkrise der Literatur im 20./21. Jahrhundert reflektiert und auf die Problematik von Begriffen wie Autor und Leser verweist.

Der Leser wird von Morelli explizit als Aktiver gefordert und fungiert so in der Rolle des Theseus, des Detektivs. Allerdings nähern sich im Zuge der Forderung dieses Lesertypus´ die Tätigkeiten von Autor und Leser an und stiften Verwirrung im Bezug auf eine klare Eingrenzung, so dass vor allem aus dem Lager der proststrukturalistischen Kritik der Autor metaphorisch für tot erklärt wurde. Die Kritik an der bedeutungsstiftenden Instanz des Autors ist nicht neu, sondern nimmt ihren Anfang mit Mallarmé. Hat dieser den Autor zugunsten der Sprache, die spricht, verabschiedet, so tritt er bei Roland Barthes im Hinblick auf eine grundsätzliche Intertextualität in den Hintergrund. In der heutigen Literaturwissenschaft nimmt man den metaphorischen Todeserklärungen gegenüber eine kritische Haltung ein, da man sowohl Äußerungen dieser Art nun vor einem bestimmten historischen und wissenschaftlichen Hintergrund sieht, als auch in der interpretatorischen Praxis auf den Begriff des Autors, wenn auch als Konstrukt, nicht verzichten kann.

Vor allem im Hinblick auf das Phänomen des Hypertextes wird immer wieder von dem Verlust der Bedeutung des Autors gesprochen. Doch auch dieses ist zu weit gegriffen. Vielmehr sollte man von einer Verlagerung der Macht, Bedeutung und Möglichkeiten des Autors sprechen: Nicht nur ist Cortázar zum Teil der Verfasser der einzelnen Lexien, sondern auch der Kompositor, der die Reihenfolge der einzelnen Lexien vorgeben kann oder auch nicht, also im vorhinein entscheiden kann, welche Rolle er einnehmen will.

Im Verständnis Cortázars über die Bedeutung des Autors und der Interaktion von Leser und Autor macht sich allerdings ein Paradox auf: Zum einen propagiert Morelli eine am Leser orientierte Poetik, zum anderen versteht er Literatur als Wiedergeburtsstätte des Autors selbst und bringt somit den Wunsch nach Präsenz und Innerlichkeit, den Wunsch die Stimme des Autors durch Literatur transportieren zu können, wieder zurück.

Verständlich wird dieser Wiederspruch auf dem Hintergrund der Diskussion um das Wesen von Schreiben. Hypertexte verweisen auf den Unterschied zwischen schöpferischem Schreiben und technischem Zusammensetzen.

Die Kritik am Modell des Autors ist zumeist auch Sprachkritik und verbunden mit der Frage, wie denn der Autor in seinem Werk mit der Sprache etwas Einzigartig-Individuelles vermitteln kann. Auch Cortázar lässt seine Figuren ein kritisches Bewusstsein Sprache und zwischenmenschlicher Kommunikation gegenüber haben: Oliverira zweifelt an der Möglichkeit, sich kommunizieren zu können, und betrachtet, ebenso wie Morelli, die Sprache als ein Gefängnis des Denkens, als ein im Abendland auf binäre Oppositionen hinauslaufendes *Organum*, das einer grundlegenden Erneuerung bedarf. Morellis Sprachkritik bildet das Fundament seiner Romanpoetik, so dass er analog zu dieser, eine neue Vorstellung von Textualität als nicht-lineares Schreiben und Lesen und ein neues Verhältnis von Leser-Text-Autor entwirft, propagiert. Verbunden mit der Sprachkritik und der Renovation von Literatur ist die Kritik am logozentristischen Denken und der abendländischen Metaphysik. Oliveira und Morelli verbindet die Thematik der Suche und das Ziel einen *estado sin diferencia* zu finden. Allerdings vollzieht sich diese Suche in anderen Lebensbereichen: Oliverira versucht seinen Weg durch die Welt zu finden und Morelli seinen durch die Literatur, so dass sowohl Welt, als auch Literatur als Labyrinthe ausgewiesen werden.

Auch wenn eine gewisse existentielle Not oder Bewusstsein präsent sind, so dominiert doch das Element des Spiels und der Herausforderung. Nicht nur das Labyrinth fungiert als Parabel auf die Welt und die Literatur, sondern auch das Spiel, das durch den Titel bereits auf seine Signifikanz verweist. Dieses Spiel ist das Spiel des Autors in der endlosen Kette der *Signifiants* ohne Grund oder Mitte oder das Oliveiras in der Suche nach dem idealen Partner, nach Maga, die selbst nur *Signifiant* ist. Es reflektiert die Logik des Supplements und deutet bereits an, dass das Ziel beider, also die Suche nach dem „Punkt der Nicht-Ersetzbarkeit" [152], scheitern muss, nie erreicht wird, da dieser Punkt schlicht nicht existiert und die Suche sich somit selbst negiert. Beide erkennen, dass der Wunsch nach dem Ursprung eingebettet ist in eine Syntax ohne Ursprung, in der sie gleichsam gefangen sind und aus der sie wohl nie austreten können. [153] Eben diese Signifikantenkette präsentiert sich als Labyrinth und bringt das grundlegende Selbstverständnis des Menschen in der Postmoderne zum Ausdruck.

---

[152] Derrida, Jacques: Grammatologie. Frankfurt am Main: Suhrkamp 1983 (= Suhrkamp Taschenbuch Wissenschaft 417). S. 456.
[153] Vgl. ebd. S. 418.

6. Bibliographie

Primärliteratur

Cortázar, Julio: Rayuela. Madrid: Cátedra 2005.

Cortázar, Julio: Historia de cronopios y de famas. Madrid: Santillana Ediciones Generales 2004.

Sekundärliteratur

Adorno, Theodor W.: Standort des Erzählers im zeitgenössischen Roman. In: Noten zur Literatur 1. Frankfurt am Main: Suhrkamp 1963. S. 61-72.

Alazraki, Jaime: Hacia Cortázar: aproximación a su obra. Barcelona: Editorial Anthropos 1994 (= Contemporáneos Literatura y teoría literaria 47).

Berg, Walter Bruno: Grenz-Zeichen Cortázar. Leben und Werk eines argentinischen Schriftstellers der Gegenwart. Frankfurt am Main: Vervuert Verlag 1991.

Barthes, Roland: Der Tod des Autors. In: Peformanz. Zwischen Sprachphilosophie und Kulturwissenschaft. Hrsg. v. Uwe Wirth. Frankfurt am Main: Suhrkamp 2002 (= Suhrkamp Taschenbuch Wissenschaft 1575). S. 104-110.

Barthes, Roland: Die Vorbereitung des Romans. Vorlesung am Collège de France. 1978-1979 und 1979-1980. Hrsg. v. Éric Marty. Frankfurt am Main: Suhrkamp 2008 (= Edition Suhrkamp 2529).

Barthes, Roland: S/Z. Frankfurt am Main: Suhrkamp 1976 (= Suhrkamp Taschenbuch Wissenschaft 687).

Barthes, Roland: Die Lust am Texte. Frankfurt am Main: Suhrkamp 1974 (= Bibliothek Suhrkamp Band 378).

Caillois, Roger: Das Bild des Phantastischen. In: Phaïcon 1 – Almanach der phantastischen Literatur. Hrsg. v. Rein A. Zondergeld. Frankfurt am Main: 1974. S. 44-83.

Culler, Jonathan: Dekonstruktion. Derrida und die poststrukturalistische Literaturtheorie. Hamburg: Rowohlt Taschenbuch Verlag 1999.

Defert, Daniel: Raum zum Hören. In: Michel Foucault: Die Heterotopien. Der utopische Körper. Zwei Radiovorträge. Frankfurt am Main: Suhrkamp 2005. S. 67-92.

Deleuze, Gilles: Foucault. Frankfurt am Main: Suhrkamp 1992 (= Suhrkamp Taschenbuch Wissenschaft 1023).

Dellepiane, Angela B.: Julio Cortázar – der »revolutionäre« Erzähler. In: Lateinamerikanische Literatur. Hrsg. v. Michi Strausfeld. Frankfurt am Main: Suhrkamp 1989 (= Suhrkamp Taschenbuch 2041). S. 241-274.

Derrida, Jacques: Die Struktur, das Zeichen und das Spiel im Diskurs der Wissenschaft vom Menschen. In: Die Schrift und die Differenz. Frankfurt am Main: Suhrkamp 1972 (= Suhrkamp Taschenbuch Wissenschaft 177). S. 422-442.

Derrida, Jacques: Die Wahrheit in der Malerei. Hrsg. v. Peter Engelmann. Wien: Passagen Verlag 1992.

Derrida, Jacques: Grammatologie. Frankfurt am Main: Suhrkamp 1983 (= Suhrkamp Taschenbuch Wissenschaft 417).

Eco, Umberto: Das offene Kunstwerk. Frankfurt am Main: Suhrkamp 1973 (= Suhrkamp Taschenbuch Wissenschaft 222).

Ernst, Ulrich: Typen des experimentellen Romans in der europäischen und amerikanischen Gegenwartliteratur. In: Arcadia 27 (1992). S. 225-320.

Eco, Umberto: Postille a il nome della rosa. Tascabili: Bonpiani 1983.

Foucault, Michel: Was ist ein Autor? In: Schriften zur Literatur. Frankfurt am Main: Suhrkamp 2003 (= Suhrkamp Taschenbuch Wissenschaft 1675). S. 234-270.

Genette, Gérard: Palimpseste. Die Literatur auf zweiter Stufe. Frankfurt am Main: Suhrkamp 1993 (= Neue Folge Band 683).

Han, Byung-Chul: Philosophie des Zen-Buddhismus. Stuttgart: Reclam 2006 (= Reclams Universal-Bibliothek Nr. 18185).

Heibach, Christiane: Creamus, ergo sumus. In: Hyperfiction. Hyperliterarisches Lesebuch: Internet und Literatur. Hrsg. v. Beate Suter u. Michael Böhler. Frankfurt am Main: Stroemfeld 1999. S. 101-158.

Huici, Adrián: El mito clásico en la obra de Jorge Luis Borges. El Laberinto. Sevilla: Ediciones Alfar 1998.

Iser, Wolfgang: Der implizierte Leser. München: Wilhelm Fink Verlag 1972.

Iser, Wolfgang: Der Akt des Lesens. München: Wilhelm Fink Verlag 1976 (= Uni Taschenbücher 636).

Jannidis, Fotis u. Gerhard Lauer u.a.: Rede über den Autor an die Gebildeten unter seinen Verächtern. In: Rückkehr des Autors. Zur Erneuerung eines umstrittenen Begriffs. Hrsg. v. Fotis Jannidis u. Gerhard Kauer u.a. Tübingen: Max Niemeyer Verlag 1999. S. 3-35.

Jannidis, Fotis: Einführung: Der Autor in Gesellschaft und Geschichte. In: Rückkehr des Autors. Zur Erneuerung eines umstrittenen Begriffs. Hrsg. v. Fotis Jannidis u. Gerhard Kauer u.a. Tübingen: Max Niemeyer Verlag 1999. S. 297-301.

Japp, Uwe: Der Ort des Autors in der Ordnung des Diskurses. In: Diskurstheorien und Literaturwissenschaft. Hrsg. v. Jürgen Fohrmann und Harro Müller. Frankfurt am Main: Suhrkamp 1988. S. 223-234.

Kern, Hermann: Labyrinthe. Erscheinungsformen und Deutungen. 5000 Jahre Gegenwart eines Urbildes. München: Prestel Verlag 1982.

Landow, George P.: Hypertext. The Convergence of Contemporary Critical Theory and Technology. Baltimore: The John Hopkins University Press 1992.

Peer, Willie van: Absicht und Abwehr. Intention und Interpretation. In: Rückkehr des Autors. Zur Erneuerung eines umstrittenen Begriffs. Hrsg. v. Fotis Jannidis u. Gerhard Kauer u.a. Tübingen: Max Niemeyer Verlag 1999. S. 107-122.

Prego, Omar: La fascinación de las palabras. Conversación con Julio Cortázar. Barcelona: Muchnik Editores 1985.

Röttgers, Kurt: Die Welt, der Tanz, das Buch, das Haus, das Bild, die Liebe, die Welt. In: Labyrinthe. Philosophische und literarische Modelle. Hrsg. v. Kurt Röttgers und Monika Schmitz-Emans. Essen: Die blaue Eule 2000 (= Philosophisch-literarische Reflexionen Band 2). S. 33-62.

Schmitz-Emans, Monika: Labyrinthe: Zur Einleitung. In: Labyrinthe. Philosophische und literarische Modelle. Hrsg. v. Kurt Röttgers und Monika Schmitz-Emans. Essen: Die blaue Eule 2000 (= Philosophisch-literarische Reflexionen Band 2). S. 7-32.

Schmitz-Emans, Monika: Seetiefen und Seelentiefen. Literarische Spiegelungen innerer und äußerer Fremde. Hrsg. v. Manfred Schmeling u. Hans-Jürgen Lüsebrink u.a. Würzburg: Königshausen & Neumann 2003 (= Saarbrücker Beiträge zur Vergleichenden Literatur- und Kulturwissenschaft).

Suter, Beat: Hyperfiktion und interaktive Narration im frühern Entwicklungsstadium. Zürich: update Verlag 2000.

Winko, Simone: Lost in hypertext? Autokonzepte und neue Medien. In: Rückkehr des Autors. Zur Erneuerung eines umstrittenen Begriffs. Hrsg. v. Fotis Jannidis u. Gergard Lauer u.a. Tübingen: Max Niemeyer Verlag 1999. S. 511-533.

Weimar, Klaus: Doppelte Autorschaft. In: Rückkehr des Autors. Zur Erneuerung eines umstrittenen Begriffs. Hrsg. v. Fotis Jannidis u. Gerhard Kauer u.a. Tübingen: Max Niemeyer Verlag 1999. S. 123-133.

Wirth, Uwe: Performative Rahmung, parergonale Indexikalität. Verknüpfendes Schreiben zwischen Herausgeberschaft und Hypertextualität. In: Performanz. Zwischen Sprachphilosophie und Kulturwissenschaft. Hrsg. v. Uwe Wirth. Frankfurt am Main: Suhrkamp 2002 (= Suhrkamp Taschenbuch Wissenschaft 1575). S. 403-433.

Wirth; Uwe: Wen kümmert´s, wer spinnt? In: Hyperfiction. Hyperliterarisches Lesebuch: Internet und Literatur. Hrsg. v. Beate Suter u. Michael Böhler. Frankfurt am Main: Stroemfeld 1999. S. 29-41.

BEI GRIN MACHT SICH IHR WISSEN BEZAHLT

- Wir veröffentlichen Ihre Hausarbeit,
  Bachelor- und Masterarbeit

- Ihr eigenes eBook und Buch -
  weltweit in allen wichtigen Shops

- Verdienen Sie an jedem Verkauf

Jetzt bei www.GRIN.com hochladen
und kostenlos publizieren